사회*도 독해가 먼저다

초등 6학년

교육 R&D에 앞서가는

Key 키출판사

사회도 독해가 먼저인 이유

왜 사회도 독해를 공부해야 할까요?

'사회' 교과서는 학년이 높아질수록 다루는 내용이 깊고 다양해져요.
그래서 '사회'가 점점 더 어렵고 막막하게 느껴질 수 있어요.
새로운 어휘와 개념이 수두룩해서 교과서가 잘 읽히지 않거든요.
'사회'를 쉽게, 제대로, 재미있게 공부하기 위해서는
먼저 중요한 개념과 어휘를 익힌 다음 독해하는 연습이 필요해요.

국어 과목만 독해 연습을 해야 하는 게 아니에요.
낯선 개념과 알아야 할 어휘가 많은 '사회'도 독해 연습이 꼭 필요해요.
<사회도 독해가 먼저다>의 단계적인 독해 연습으로
어렵던 '사회'가 쉽고 재미있어져요!

왜 사회는 개념과 어휘를 익혀야 할까요?

'사회'는 우리가 날마다 보고 듣고 겪는 현상을 두루 다루는 과목이에요.
그래서 알아야 할 개념이 많은 암기 과목이라고 이야기하기도 해요.
그런데 무작정 외우려고 하면 개념이 뒤죽박죽되어 어렵게만 느껴져요.
'사회'에서 다루는 수많은 개념들을 연결된 것끼리 묶어서 덩어리로 보면
개념이 탄탄하게 잡혀서 외우지 않아도 짜임새 있게 기억할 수 있어요.

'사회'는 복잡한 암기 과목이 아니에요.
낯선 어휘와 교과 내용도 개념만 잡으면 술술 이해할 수 있어요.
<사회도 독해가 먼저다>의 체계적인 개념 학습으로
막막했던 '사회'가 저절로 이해돼요!

개념을 잡아서 독해와 교과 공부를 한 번에 끝내는 교과 독해 프로그램
<사회도 독해가 먼저다>로 공부해야 하는 이유입니다.

〈사회도 독해가 먼저다〉가 특별한 이유

교과서가 쉬워진다!

6학년 사회 교과서 내용을
한 권에 담았어요.

6학년 사회 교과서

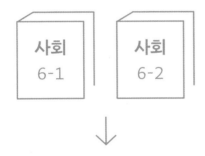

핵심 내용을 한 권에

개념이 잡힌다!

복잡한 교과 개념을 그림으로
한눈에 볼 수 있게 담았어요.

교과서 지문

개념을 잡아 기억하기 쉽게

개념-어휘-독해 3단계 완성

개념 그림으로 쉽게

↓

어휘 문장으로 똑똑하게

↓

독해 읽기+쓰기로 확실하게

서술형 쓰기까지!

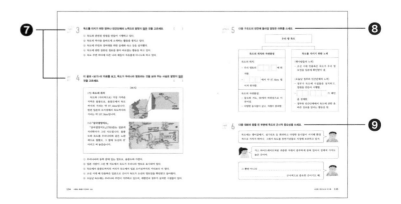

❶ 제목부터 읽어요!
- 알고자 하는 것이 무엇인지 파악할 수 있어요.

❷ 그림으로 개념을 잡아요!
- 핵심 개념을 한눈에 파악하고 그림 덩어리로 기억할 수 있어요.

❸ 문장으로 개념 어휘를 익혀요!
- 어휘를 문장에 직접 넣어 보며 개념을 확실하게 다질 수 있어요.

❹ 한 문장으로 개념을 정리해요!
- 핵심 개념을 한 문장으로 명확하게 정리하여 이해할 수 있어요.

❺ 핵심 개념을 확인하며 글을 읽어요!
- 문단 요약어로 지문에서 다루는 핵심 개념을 미리 확인할 수 있어요.
- 교과서 여러 쪽에 흩어져 있는 내용을 한 편의 지문에 짜임새 있게 담아, 핵심 개념을 분명하게 이해하고 글의 구조를 파악하며 효과적으로 글을 읽을 수 있어요.

❻ 기본 독해력을 키워요!
- **핵심 어휘 찾기**: 독해 지문의 문단별 중심 문장을 확인하고, 중심 문장에 들어갈 핵심 어휘를 찾을 수 있어요.
- **바르게 읽기**: 주어진 지문을 바르게 읽으며 내용을 있는 그대로 정확하게 파악하는 '사실적 이해' 능력을 키울 수 있어요.

❼ 심화 독해력을 키워요!
- **자세히 읽기**: 지문 내용을 자세히 파고들어 읽으며 글의 세부 내용을 구체적으로 파악하는 '분석적 이해' 능력을 키울 수 있어요.
- **깊이 읽기**: <보기> 글과 연결해서 읽으며 주어진 정보를 근거로 삼아 다른 판단을 이끌어 내는 '추론적 이해' 능력을 키울 수 있어요.

❽ 구조도로 요약해요!
- **요약하여 쓰기** [단답형]: 지문을 구조화한 도표 안에 알맞은 어휘를 채우면서 글의 내용을 짜임새 있게 정리할 수 있어요.

❾ 서술형 쓰기까지 익혀요!
- **서술형 쓰기** [서술형]: 이해한 내용을 의도에 맞게 논리적으로 서술하면서 지식을 풀어 쓰는 능력을 키우고 학습 내용을 자기 것으로 만들 수 있어요.

차례

사회도 독해가 먼저다
독해력 높이는
3단계 공부법

쓱 그림을 봐!

핵심 개념이 한눈에 담길 거야.

콕콕 개념 어휘를 넣어 봐!

문장 속 빈칸에 들어갈 말이 바로
공부할 내용의 핵심이 되는 말이야.
한 글자 한 글자 쓰다 보면 개념이 콕콕 박힐 거야.

한 번에 짝
글을 읽은 후 꼼꼼하게 확인해!

눈에 힘을 딱 주고 집중해서 한 번에 지문을 읽어!
문제를 풀면서 다시 한 번 지문을 꼼꼼하게 확인하고
구조도로 글의 전체 구조와 핵심 내용을 정리하면
지문 내용을 완벽하게 내 것으로 만들 수 있어.

어때, 자신 있지?
사회 독해 공부, 시작해 볼까!

우리나라의 정치 발전

국민이 나라의 주인!

✦ 개념

▼ 그림으로 중요한 개념을 만나 보세요.

4·19 혁명

이승만 정부의 독재 ▶	3·15 부정 선거 ▶	4·19 혁명 ▶	이승만 퇴진
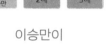			
이승만이 세 번에 걸쳐 대통령이 됨	이승만 정부가 부정 선거로 승리함	부정 선거와 독재에 맞서 학생과 시민들이 일어남	이승만이 대통령 자리에서 물러남

→ 독재: 한 나라의 권력을 한 사람이
모두 가지고 자기 마음대로 하는 정치

✦ 어휘

▼ 개념에서 살펴본 어휘를 문장의 빈칸에 써 보세요.

□□□□ 정부는 옳지 못한 방법으로 헌법을 바꾸어 **독재** 정치를 이어 갔어요.

이승만 정부는 독재를 이어 가려고 □·□□□□□□를 저질렀어요.

학생과 시민들이 부정 선거와 독재에 맞서며 □·□□□을 일으켰어요.

4·19 혁명의 결과 **이승만**이 대통령 자리에서 물러났고, 새 정부가 세워졌어요.

5·18 민주화 운동

박정희 정부의 독재 ▶ **군인들의 권력 장악** ▶ **계엄령 확대** ▶ **5·18 민주화 운동**

군사 정변으로 정권을 잡은 박정희가 독재 정치를 펼침	전두환 등 군인들이 권력을 잡음	시민들이 민주화를 요구하자 계엄령을 전국으로 확대함	계엄군의 진압에 광주 시민들이 맞서 싸움

→ 군사 정변(쿠데타): 군인들이 힘을 앞세워 정권을 잡는 행위

→ 계엄령: 전쟁이나 국가적 재난 등 비상사태에 군대를 동원하는 일

군사 정변으로 정권을 잡은 [   ]는 **독재** 정치를 일삼다가 사망했어요.

이후 전두환을 중심으로 [   ]들이 정변으로 권력을 잡고 독재를 이어 갔어요.

민주화 요구 시위가 일어나자 군인 세력은 [   ]을 확대하며 탄압했어요.

광주 시민들은 [· ㅤ ㅤ ㅤ]으로 군사 독재에 맞서 싸웠어요.

우리나라의 민주주의는 어떻게 발전했을까요?

▼ 다음 글을 읽고 물음에 답하세요. (1~6)

핵심 개념

이승만 정부의 독재

❶ 1948년 8월 15일, 우리나라는 대한민국 정부를 수립하고 민주주의 제도를 도입했어요. 하지만 초대 대통령이었던 이승만은 헌법을 바꿔 가며 세 번에 걸쳐 대통령이 됐어요. 이승만 정부는 독재 정치를 이어 가려고 1960년 3월 15일, 대통령과 부통령을 함께 뽑는 정부통령 선거에서 부정을 저질렀고, 그 결과 선거에서 이겼어요.

4·19 혁명

❷ 3·15 부정 선거 소식이 알려지자 부정 선거와 독재 정치에 항의하는 시위가 마산 등에서 일어났어요. 이후 시위 중 실종된 김주열 학생이 마산 앞바다에서 죽은 채 발견되자 시위는 전국으로 확산됐어요. 4월 19일, 수많은 시민과 학생은 거리로 나와 민주화를 외쳤어요. 이승만 정부는 경찰을 앞세워 시민과 학생들을 폭력으로 진압했고 많은 사람이 죽거나 다쳤지만, 시위는 더욱 거세졌어요. 결국 이승만은 대통령 자리에서 물러났고 부정 선거는 무효가 되었어요. 4·19 혁명은 시민과 학생의 힘으로 독재 정권을 무너뜨리고 민주주의를 지켜 낸 최초의 민주화 운동이에요.

박정희 정부의 독재와 전두환의 군사 정변

❸ 4·19 혁명 이후 국민은 민주적인 사회를 기대했어요. 그러나 새 정부가 들어선 지 1년도 되지 않은 1961년, 박정희와 일부 군인들이 군사 정변을 일으켜 권력을 잡았어요. 대통령이 된 박정희는 대통령을 세 번까지 할 수 있도록 헌법을 바꾸었어요. 1972년에는 대통령을 할 수 있는 횟수 제한을 없애고, 대통령 직선제를 간선제로 바꾸는 등의 내용이 담긴 유신 헌법을 새로 만들었어요. 박정희 정부가 강력한 독재 정치를 펼치자, 유신 헌법 철폐와 독재 정치 반대를 외치는 시위가 일어났어요. 이러한 혼란스러운 상황에서 1979년 박정희가 부하의 총에 맞아 사망했어요. 박정희 정부가 무너지자, 시민들은 오랫동안 바라던 민주화가 이뤄질 것으로 기대했어요. 하지만 전두환을 중심으로 한 일부 군인들이 다시 군사 정변을 일으켜 권력을 잡고 독재를 이어 갔어요.

5·18 민주화 운동

❹ 이에 시민들은 민주화를 요구하며 전국에서 시위를 벌였어요. 이를 막기 위해 전두환을 중심으로 한 군인 세력은 계엄령을 전국으로 확대했고, 1980년 5월 18일 전라남도 광주에서 대규모 시위가 일어나자, 광주에 계엄군을 보냈어요. 계엄군은 시민과 학생들을 향해 총을 쏘며 폭력적으로 시위를 진압했어요. 또한 광주의 교통과 통신을 차단하고, 언론을 통제해 광주에서 일어난 일이 알려지는 것을 막았어요. 광주 시민은 시민군을 만들어 저항했지만 결국 강제 진압되었고, 이 과정에서 수많은 사람이 희생되었어요. 5·18 민주화 운동은 우리나라 민주주의 발전에 밑거름이 되었어요.

낱말 풀이

• **직선제** 국민이 직접 대표를 뽑는 선거 제도.　　　　• **간선제** 국민이 뽑은 선거인단이 대표를 뽑는 선거 제도.
• **계엄군** 전쟁과 같이 국가에 위급한 상황이 발생했을 때 전국 또는 일부 지역을 지키는 임무를 맡은 군대.

1 문단별 중심 문장의 빈칸에 들어갈 알맞은 핵심 어휘를 찾아 √표 하세요.

> ### 우리나라의 민주주의는 어떻게 발전했을까요?

❶문단 (   ) 정부는 독재 정치를 이어 가려고 1960년 3월 15일 정부통령 선거를 부정한 방법으로 치렀다.

☐ 박정희
☐ 이승만

❷문단 3·15 부정 선거에 맞서 시민과 학생이 (   )을 일으켜 독재 정권을 무너뜨렸다.

☐ 4·19 혁명
☐ 5·18 민주화 운동

❸문단 박정희는 군사 정변으로 정권을 잡은 후 유신 헌법을 만드는 등 강력한 (   ) 정치를 펼쳤다.

☐ 독재
☐ 민주

❹문단 (   )은 전두환을 중심으로 한 군인 세력의 탄압에 맞서 광주 시민들이 민주주의를 지키려 한 운동이다.

☐ 4·19 혁명
☐ 5·18 민주화 운동

2 이 글을 읽고 알 수 있는 내용으로 알맞은 것에는 ○표, 알맞지 않은 것에는 ✕표 하세요.

(1) 4·19 혁명으로 3·15 부정 선거는 무효가 되었다. ─────── (   )

(2) 이승만은 헌법을 바꿔 가며 세 번에 걸쳐 대통령이 되었다. ─────── (   )

(3) 5·18 민주화 운동에서 전 국민이 계엄군에 맞서 시민군을 만들어 저항했다. ─────── (   )

(4) 박정희는 강력한 독재 정치를 펼치다가 국민들의 민주화 시위가 거세지자 대통령 자리에서 물러났다. ─────── (   )

3 4·19 혁명의 전개 과정을 나타낸 다음 연표에서 (가) 시기에 있었던 사건으로 알맞은 것을 고르세요. (   )

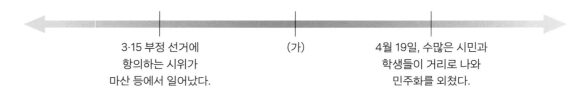

3·15 부정 선거에
항의하는 시위가
마산 등에서 일어났다.

(가)

4월 19일, 수많은 시민과
학생들이 거리로 나와
민주화를 외쳤다.

① 이승만이 대통령 자리에서 물러났다.

② 시민들의 시위로 3·15 부정 선거가 무효가 되었다.

③ 이승만 정부가 경찰을 앞세워 시민과 학생들을 폭력으로 진압했다.

④ 시위 중 실종된 김주열 학생의 시신이 발견되며 시위가 전국으로 확산되었다.

⑤ 이승만 정부가 정부통령 선거에서 부정한 방법으로 선거를 치러 선거에서 이겼다.

4 이 글과 <보기>를 읽고 알 수 있는 5·18 민주화 운동에 대한 설명으로 알맞지 <u>않은</u> 것을 고르세요. (   )

〈보기〉

5·18 민주화 운동 당시 고등학생의 일기

날마다 약 20만 명의 시민이 도청 앞 광장에 모여 총궐기했다. "유신 체제 물러가라.", "전두환이 물러가라.", "비상 계엄 해제하라.", "언론 자유 보장하라." 등 민주화 운동을 끊임없이 벌였다. 광주의 전 시민이 참가한 민주 시위였으나 정부는 우리 광주 시민을 폭도로 몰아 엉뚱한 보도만을 계속해 우리 광주 시민을 울분하게 만들었다.

(출처: 5·18 민주화 운동 기록관)

• **폭도** 집단적인 폭력 행위를 일으킨 사람들.

① 계엄군은 총을 쏘며 폭력적으로 광주 시민을 진압하였다.

② 광주 시민들은 계엄령 해제를 요구하며 시민군을 만들어 저항하였다.

③ 광주 시민들이 시민군을 만들자 군인 세력은 광주에 계엄군을 보냈다.

④ 5·18 민주화 운동 당시 광주 시민을 폭도로 모는 등 사실과 다른 기사가 보도되었다.

⑤ 전두환 등 군인 세력은 민주화 시위를 탄압하기 위해 계엄령을 전국으로 확대하였다.

5 다음 구조도의 빈칸에 들어갈 알맞은 어휘를 쓰세요.

우리나라의 민주주의 발전 과정

4·19 혁명

이승만이 헌법을 바꿔 가며
세 번에 걸쳐 대통령이 됨.

↓

이승만 정부가 독재 정치를 이어 가려
3·15 [ ] [ ] 를 치름.

↓

부정 선거와 독재 정치에 항의하며
시민과 학생이 시위를 벌임.

↓

이승만이 물러나고
부정 선거는 무효가 됨.

[ ]·[ ] 민주화 운동

전두환과 군인들이 정변을 일으켜
정권을 잡음.

↓

민주화 시위에 계엄령을 확대함.

↓

광주에서 민주화 요구 시위가 커지자
계엄군을 보냄.

↓

[ ] 시민이 시민군을 만들어
계엄군에 저항했지만 크게 희생됨.

6 대한민국 헌법 전문에는 4·19 민주 이념을 계승한다고 되어 있어요. 4·19 혁명이 우리나라 민주주의 역사에서 어떤 의미를 가지는지 쓰세요.

대한민국 헌법 전문

유구한 역사와 전통에 빛나는 우리 대한 국민은 3·1 운동으로 건립된 대한민국 임시 정부의 법통과 불의에 항거한 4·19 민주 이념을 계승하고……

〈조건〉

1. 주어진 어휘를 모두 넣어 쓰세요.
(독재 정권)   (민주주의)
(민주화)   (시민)
2. '4·19 혁명은 ~ 운동입니다.'의 형식에 맞게 한 문장으로 쓰세요.

- -

- -

02 6월 민주 항쟁 이후 우리나라의 민주주의는 어떻게 발전해 왔을까요?

정답과 해설 2쪽

✦ 개념

▼ 그림으로 중요한 개념을 만나 보세요.

6월 민주 항쟁

| 간선제로 당선된 전두환 | ▶ | 대통령 직선제 거부 | ▶ | 6월 민주 항쟁 | ▶ | 6·29 민주화 선언 |

전두환은 간선제로 대통령이 됨

직선제를 거부하고 민주화 운동을 탄압함

독재 반대와 직선제를 요구하며 시민들이 일어남

직선제를 포함한 민주화 요구를 받아들임

✦ 어휘

▼ 개념에서 살펴본 어휘를 문장의 빈칸에 써 보세요.

　　　　　은 5·18 민주화 운동을 강제로 진압하고 간선제로 대통령이 되었어요.

전두환은 　　　　　　를 거부하고 민주화 운동을 탄압했어요.

독재를 반대하며 직선제를 요구하는 　　　　　이 일어났어요.

6월 민주 항쟁의 결과 　 · 　　　　이 발표됐어요.

6월 민주 항쟁의 결과 6·29 민주화 선언이 발표되었고,
이후 민주적인 제도와 질서가 마련되었어요.

6월 민주 항쟁 이후의 민주화

대통령 직선제 시행

국민이 대통령을 직접 뽑아
국민의 뜻이 선거 결과에 반영됨

지방 자치제 시행

주민이 지역 대표를 직접 뽑고
지역 문제를 민주적으로 해결함

시민 참여 확대

시민들이 사회 공동의 문제를
해결하는 데 참여함

6월 민주 항쟁 이후 민주적 제도와 질서가 마련되면서 사회는 **민주화**되었어요.

6월 민주 항쟁 이후 [　][　][　][　][　]가 시행되었어요.

6월 민주 항쟁 이후 [　][　][　]가 시행되었어요.

6월 민주 항쟁 이후 [　][　]가 확대되었어요.

6월 민주 항쟁 이후 우리나라의 민주주의는 어떻게 발전해 왔을까요?

▼ 다음 글을 읽고 물음에 답하세요. (1~6)

핵심 개념

전두환 정부의 민주화 운동 탄압

❶ 5·18 민주화 운동을 강제로 진압한 전두환은 간선제로 대통령이 되었어요. 이후 전두환은 신문과 방송을 통제하여 정부를 비판하는 내용을 내보내지 못하게 하는 등 국민의 알 권리를 막았어요. 또 민주화를 요구하는 국민들을 탄압했어요. 그러던 중 민주화 운동에 참여했던 대학생 박종철이 경찰에 끌려가 고문을 받다가 사망했어요. 시민들은 크게 분노했어요.

6월 민주 항쟁

❷ 학생과 시민들은 책임자 처벌과 고문 금지, 대통령 직선제 등을 요구하는 시위를 벌였어요. 하지만 전두환 정부는 국민의 요구를 받아들이지 않겠다고 발표했어요. 시민들은 격렬하게 항쟁했고, 이 과정에서 대학생 이한열이 경찰이 쏜 최루탄에 맞아 사망했어요. 이 사건에 분노한 시민과 학생들은 1987년 6월, 전국에서 민주화를 요구하는 대규모 시위를 벌였어요. 이를 6월 민주 항쟁이라고 해요.

6월 민주 항쟁의 결과

❸ 시위가 계속되자 결국 전두환 정부는 6월 29일에 여당의 대통령 후보였던 노태우를 통해 대통령 직선제를 포함한 국민의 민주화 요구를 받아들이겠다는 6·29 민주화 선언을 발표했어요. 6월 민주 항쟁은 학생과 시민들이 힘을 합쳐 오랜 군사 독재를 끝내고 민주적인 정권 수립의 길을 열었다는 점에서 큰 의미가 있어요.

6월 민주 항쟁 이후의 민주화

❹ 6월 민주 항쟁 이후 민주적인 제도와 질서가 마련되면서 우리 사회는 민주화되기 시작했어요. 먼저, 대통령 선거 제도가 직선제로 바뀌었어요. 대통령 직선제 시행으로 국민이 직접 뽑은 새로운 정부가 평화적으로 등장하게 되었어요. 또 6월 민주 항쟁 이후 지방 자치제가 다시 시행되었어요. 지방 자치제는 지역 주민들이 직접 뽑은 지역 대표들을 통하여 그 지역의 일을 처리하는 제도예요. 지방 자치제는 1952년 처음 시행된 후 5·16 군사 정변 때 폐지되었다가 6·29 민주화 선언에 따라 다시 생겨났어요. 지방 자치제 시행으로 주민이 지역 대표를 직접 뽑고 지역 문제를 민주적으로 해결할 수 있게 되었지요. 이처럼 6월 민주 항쟁 이후 국민이 정치에 참여할 수 있는 자유와 권리가 보장되면서 시민의 정치 참여도 확대되었어요. 시민들은 선거나 투표에 참여함으로써 자신의 의견을 나타내고, 시민 단체를 만들어 사회 공동의 문제 해결에 나서고 있어요. 정부도 국민의 권리와 참여를 중요하게 여기게 되었으며, 이를 바탕으로 하여 우리나라의 민주주의는 점점 더 발전해 가고 있어요.

낱말 풀이

- **고문** 숨기고 있는 사실을 강제로 알아내기 위하여 여러 가지 신체적, 정신적 고통을 가하며 물음.
- **최루탄** 눈물샘을 자극하여 눈물을 흘리게 하는 약이나 물질을 넣은 탄환.
- **여당** 현재 정권을 잡고 있는 정당.
- **5·16 군사 정변** 1961년 5월 16일 박정희를 중심으로 한 일부 군인들이 폭력적으로 정권을 잡은 일.

1

문단별 중심 문장의 빈칸에 들어갈 알맞은 핵심 어휘를 찾아 √표 하세요.

> **6월 민주 항쟁 이후 우리나라의 민주주의는 어떻게 발전해 왔을까요?**

❶문단 간선제로 대통령이 된 (　　　)은 민주화 운동을 탄압했다.

☐ 박종철
☐ 전두환

❷문단 시민과 학생들은 전두환 정부의 탄압에 민주화를 요구하며 (　　　)을 벌였다.

☐ 6월 민주 항쟁
☐ 5·18 민주화 운동

❸문단 전두환 정부는 대통령 (　　　) 등 국민의 민주화 요구를 받아들이는 6·29 민주화 선언을 발표했다.

☐ 간선제
☐ 직선제

❹문단 6월 민주 항쟁 이후 대통령 직선제와 (　　　)이/가 시행되고 시민의 정치 참여가 확대되었다.

☐ 군사 정변
☐ 지방 자치제

2

이 글을 읽고 알 수 있는 내용으로 알맞은 것에는 ○표, 알맞지 않은 것에는 ✕표 하세요.

(1) 6월 민주 항쟁의 결과 6·29 민주화 선언이 이루어졌다. ──────── (　　　)

(2) 6월 민주 항쟁에서 시민들은 대통령 직선제를 요구했다. ──────── (　　　)

(3) 6·29 민주화 선언에 따라 지방 자치제가 다시 시행되었다. ──────── (　　　)

(4) 전두환은 대통령이 되자 곧바로 언론의 자유를 보장하며 국민의
　　 민주화 요구를 받아들였다. ─────────────────────────── (　　　)

3 6월 민주 항쟁의 전개 과정이 순서대로 알맞게 나열된 것을 고르세요. ( )

> ㉠ 대학생 이한열이 경찰이 쏜 최루탄에 맞아 사망했다.
> ㉡ 전두환 정부가 국민의 요구를 받아들이지 않겠다고 발표했다.
> ㉢ 민주화 운동에 참여했던 대학생 박종철이 경찰의 고문으로 사망했다.
> ㉣ 6월 29일, 노태우가 국민의 민주화 요구를 받아들이겠다고 발표했다.
> ㉤ 간선제로 대통령이 된 전두환은 언론을 통제하고 민주화 운동을 탄압했다.

① ㉠ — ㉤ — ㉡ — ㉢ — ㉣   ② ㉢ — ㉤ — ㉡ — ㉣ — ㉠

③ ㉢ — ㉣ — ㉤ — ㉠ — ㉡   ④ ㉤ — ㉠ — ㉡ — ㉢ — ㉣

⑤ ㉤ — ㉢ — ㉡ — ㉠ — ㉣

4 이 글과 <보기>를 읽고, 6월 민주 항쟁이 우리나라 민주화에 미친 영향으로 알맞지 <u>않은</u> 것을 고르세요. ( )

〈보기〉

(가) 국민들이 직선제를 요구한 까닭

1972년 박정희는 대통령 직선제를 간선제로 바꾼 후 대통령 선거에 혼자 후보로 나서 99.9% 찬성으로 당선됐습니다. 이후 전두환도 간선제로 대통령이 되었습니다. 간선제는 국민이 자신의 의견을 대표할 선거인단을 뽑고, 그 선거인단이 대통령을 뽑는 것입니다. 그러나 박정희와 전두환은 자신을 지지하는 사람들로 선거인단을 꾸려 간선제를 권력 유지 수단으로 악용했습니다.

(나) 6·29 민주화 선언

– 대통령 직선제로 헌법을 바꾸고, 1988년 2월 새 헌법에 따른 대통령 선거를 실시한다.
– 인간의 존엄성을 존중하고자 새 헌법은 기본권을 강화하는 방향으로 고친다.
– 언론 관련 제도를 고치고, 언론 자유를 최대한 보장한다.
– 사회 각 부문의 자치와 자율을 최대한 보장하고, 이를 위해 지방 자치와 교육 자치를 실시한다.

① 오랜 독재를 끝내고 민주적인 정권을 수립할 수 있는 길을 열었다.

② 언론 자유 보장과 기본권 강화 등으로 민주주의 발전의 바탕이 되었다.

③ 지방 자치제 시행으로 지역 문제를 민주적으로 해결할 수 있게 되었다.

④ 정부 지지자가 아닌 국민을 대표하는 선거인단을 구성하도록 하여 간선제를 발전시켰다.

⑤ 국민이 정치에 참여할 수 있는 자유와 권리가 보장되면서 시민의 정치 참여가 확대되었다.

다음 구조도의 빈칸에 들어갈 알맞은 어휘를 쓰세요.

우리나라의 민주주의 발전 과정

6월 민주 항쟁

간선제로 대통령이 된 전두환은
민주화 운동을 탄압함.
↓
대통령 직선제 요구를 거부함.
↓
1987년 6월 민주 항쟁이 일어남.
↓
국민의 민주화 요구를 받아들이는
6·29 □□□ □□ 이
발표됨.

6월 민주 항쟁 이후의 민주화

– 대통령 선거 제도가 간선제에서
□□□ 로 바뀜.
– □□ □□□ 가 다시
시행됨.
– 시민의 정치 참여가 확대됨.

다음 사례를 보고 6월 민주 항쟁 이후 우리 사회가 어떻게 민주화되었는지 쓰세요.

 시민들은 선거나 투표에 참여함으로써 자신의 의견을 나타냅니다.

 시민 단체를 만들어 사회 공동의 문제 해결에 나서기도 합니다.

6월 민주 항쟁 이후 국민이 정치에 참여할 수 있는 자유와 권리가 보장되면서

- -

03 민주주의는 왜 중요할까요?

✦ 개념

▼ 그림으로 중요한 개념을 만나 보세요.

민주주의의 기본 정신

자유

인간은 자신의 생각에 따라
선택하고 행동할 수
있어야 한다

인간의 존엄성

인간은 인간이라는 이유만으로
존중받아야 한다

평등

인간은 성별, 인종,
종교, 재산 등에 따라
차별받지 않아야 한다

✦ 어휘

▼ 개념에서 살펴본 어휘를 문장의 빈칸에 써 보세요.

민주주의의 기본 정신으로는 인간의 존엄성, 자유, 평등이 있어요.

인간은 태어나면서부터 ☐☐☐☐☐ 을 인정받아요.

민주주의는 자신의 생각대로 선택하고 행동할 수 있는 ☐☐ 를 보장해요.

민주주의는 누구나 차별받지 않도록 ☐☐ 을 보장해요.

민주주의는 인간의 존엄성을 바탕으로
자유와 평등을 보장해요.

생활 속 민주주의

가족회의	학급 회의	공청회	선거

가정에서 구성원 모두가 가족의 일을 의논함	학교에서 학생들 스스로 학급의 문제를 해결함	지역 문제 해결에 주민의 의견을 반영함	지역이나 나라를 위해 일할 대표를 뽑음

우리는 일상생활에서 다양한 방법으로 〔   〕를 실천할 수 있어요.

가정에서는 **가족회의**, 학교에서는 〔   〕로 문제를 해결해요.

지역에서 주민들이 〔   〕에 참여하여 지역 문제를 해결해요.

시민들이 〔   〕에 참여하여 지역이나 나라를 위해 일할 대표를 뽑아요.

민주주의는 왜 중요할까요?

▼ 다음 글을 읽고 물음에 답하세요. (1~6)

핵심 개념

생활과 정치

❶ 우리는 다른 사람과 어울려 살아가요. 다양한 사람이 함께 살아가다 보면 생각이나 의견이 서로 달라 무엇인가를 결정할 때 갈등이 일어나기도 해요. 이러한 갈등이나 문제를 원만하게 해결하는 과정을 정치라고 해요. 대통령이 나라를 운영하는 것뿐만 아니라 학교에서 선거를 하여 학생 대표를 뽑거나 지역에서 주민 회의를 열어 주차 문제 해결 방법을 찾는 것 등이 모두 정치예요.

민주주의의 의미

❷ 우리 사회에서 정치는 민주주의를 바탕으로 이루어져요. 민주주의는 모든 국민이 나라의 주인으로서 권리를 지니고, 그 권리를 자유롭고 평등하게 행사하는 정치 형태를 말해요. 옛날에는 왕이나 신분이 높은 사람 몇몇이 나라의 일을 결정했지만, 오늘날에는 누구나 공동의 문제를 해결하는 과정에 참여할 수 있지요. 또한 민주주의는 일상생활에서 발생하는 갈등을 모든 사람이 자유롭고 평등한 입장에서 대화와 타협으로 해결하려는 생활 방식을 의미하기도 해요.

민주주의의 기본 정신

❸ 진정한 민주주의를 이루려면 민주주의의 기본 정신을 실현해야 해요. 민주주의를 이루는 기본 정신은 인간의 존엄성, 자유, 평등이에요. 인간의 존엄성이란 모든 인간은 태어나면서부터 인간이라는 이유만으로 존엄한 존재이며 존중받아야 한다는 것을 의미해요. 인간의 존엄성을 실현하기 위해서는 개인의 자유와 평등을 보장해야 해요. 자유는 국가나 다른 사람에게 얽매이지 않고 자신의 생각에 따라 선택하고 행동할 수 있는 것을 말해요. 평등은 모든 사람이 성별, 인종, 종교, 재산 등을 이유로 차별받지 않고 똑같이 대우받는 것을 말해요. 이처럼 민주주의는 모두가 공동체의 구성원으로서 인간의 존엄성과 자유, 평등을 누릴 수 있는 바탕이라는 점에서 중요해요.

생활 속 민주주의

❹ 우리는 일상생활에서 민주주의의 기본 정신을 실현하고 다양한 방법으로 민주주의를 실천할 수 있어요. 집에서는 가족회의를 해서 가족 구성원 모두가 가족의 일을 의논할 수 있고, 학교에서는 학급 회의를 열어 학급의 여러 문제를 학생들 스스로 결정할 수 있어요. 지역에서는 공청회나 주민 회의를 열어 지역의 문제를 주민들의 의견을 반영하여 해결할 수 있어요. 또 각종 선거를 통해 지역이나 나라를 위해 일할 대표자를 선출하지요. 이와 같이 국가뿐 아니라 가정, 학교, 지역 등에서 일어나는 여러 문제들을 민주적인 방법으로 해결하며 생활 속에서 민주주의를 실천할 수 있어요.

낱말 풀이

- **행사하다** 권리의 내용을 실제로 이루다.
- **존엄하다** 어떤 사람이나 지위가 매우 높고 엄숙하다.
- **공청회** 국회나 행정 기관에서 일의 관련자에게 의견을 들어 보는 공개적인 모임.

1 문단별 중심 문장의 빈칸에 들어갈 알맞은 핵심 어휘를 찾아 √표 하세요.

> ### 민주주의는 왜 중요할까요?

❶문단 다양한 사람과 함께 살아가면서 생기는 갈등이나 문제를 원만하게 해결하는 과정을 ( )라고 한다.
- [ ] 선거
- [ ] 정치

❷문단 ( )은/는 모든 국민이 나라의 주인으로서 권리를 지니고, 그 권리를 자유롭고 평등하게 행사하는 정치 형태이다.
- [ ] 민주주의
- [ ] 대화와 타협

❸문단 민주주의의 기본 정신은 인간의 존엄성, ( ), 평등이다.
- [ ] 자유
- [ ] 존중

❹문단 우리는 일상생활에서 민주주의의 ( )을 실현하고 민주주의를 실천할 수 있다.
- [ ] 희생정신
- [ ] 기본 정신

2 이 글을 읽고 알 수 있는 내용으로 알맞은 것에는 ○표, 알맞지 않은 것에는 ✕표 하세요.

(1) 학교에서 선거를 하여 학생 대표를 뽑는 것은 정치에 해당한다. ┈┈┈┈ ( )

(2) 생활 속에서 민주주의를 실천하는 예로 가족회의, 공청회, 선거 등을
들 수 있다. ┈┈┈┈ ( )

(3) 민주주의는 정치 형태이면서, 일상생활에서 발생하는 갈등을 해결하는
생활 방식을 의미하기도 한다. ┈┈┈┈ ( )

(4) 국가나 다른 사람에게 얽매이지 않고 자신의 생각에 따라 선택하고
행동할 수 있는 것을 평등이라고 한다. ┈┈┈┈ ( )

3 일상생활에서 민주주의를 실천한 모습으로 알맞지 <u>않은</u> 것을 고르세요. ( )

① 선거를 해서 아파트 주민을 대표하는 주민 대표를 뽑았다.

② 가족 모두가 이야기를 나누어 모두가 좋아하는 바다로 여행을 가기로 했다.

③ 학급 회장을 선생님이 마음에 드는 학생으로 정하여 학생들에게 따르도록 했다.

④ 학교 회의에서 체육관을 반마다 어떻게 나누어 사용하면 좋을지 토론하여 방법을 정했다.

⑤ 주민 회의에서 골목길이 어둡다는 지역 주민 의견을 반영하여 가로등을 더 설치하기로 했다.

4 이 글을 바탕으로 할 때, <보기>의 ㉠~㉢에 대한 설명으로 알맞은 것을 고르세요. ( )

〈보기〉

모든 인간은 태어나면서부터 (㉠)을/를 지니며 인간이라는 이유만으로 존중받을 권리가 있습니다.

인간은 다른 사람의 간섭 없이 자신의 생각에 따라 원하는 곳으로 이동하고 원하는 직업을 가질 (㉡)이/가 있습니다.

인간은 성별, 인종, 장애의 유무 등을 이유로 차별받지 않고 모두가 똑같이 (㉢)하게 대우받아야 합니다.

① ㉠에 들어갈 말은 '자유'이다.

② ㉡에 들어갈 말은 '평등'이다.

③ ㉢에 들어갈 말은 '인간의 존엄성'이다.

④ ㉠을 실현하기 위해서는 ㉡과 ㉢이 보장되어야 한다.

⑤ 민주주의의 기본 정신은 ㉠, ㉡, ㉢ 가운데 ㉠만 해당한다.

다음 구조도의 빈칸에 들어갈 알맞은 어휘를 쓰세요.

민주주의

모든 국민이 나라의 주인으로서 권리를 지니고 행사하는 정치 형태이자 일상생활 속 갈등을 대화와 타협으로 해결하려는 생활 방식

민주주의의 기본 정신

- 인간의 존엄성, 자유, 평등
- 인간의 존엄성을 실현하기 위해 [　　]와 [　　]을 보장함.

↓

민주주의는 인간의 존엄성과 자유, 평등을 누릴 수 있는 바탕이라는 점에서 중요함.

생활 속 [　　　　]

- 가정: 가족회의 등
- 학교: 학급 회의 등
- 지역: 공청회, 주민 회의 등
- 각종 선거

↓

국가뿐 아니라 가정, 학교, 지역 등 생활 속에서 민주주의를 실천함.

일상생활에서 민주주의를 실천하는 모습을 조건에 맞게 쓰세요.

─── 〈조건〉 ───

1. 가정, 학교, 지역 등에서 민주주의를 실천하는 모습을 〈예〉와 같이 쓰세요.
2. 한 문장으로 쓰세요.

─── 〈예〉 ───

집에서 가족 구성원 모두가 의논해서 집안일을 나누어 맡기로 했습니다.

04 민주적으로 문제를 해결하는 방법은 무엇일까요?

정답과 해설 4쪽

✦ 개념

▼ 그림으로 중요한 개념을 만나 보세요.

민주적 의사 결정 원리

대화와 토론

대화와 토론으로
여러 의견을 따져 본다

양보와 타협

양보와 타협으로
서로의 의견을 조정한다

다수결의 원칙

의견을 하나로
모으기 어려운 경우
다수의 의견을 따르기도 한다

소수 의견 존중

소수의 의견도
존중해야 한다

✦ 어휘

▼ 개념에서 살펴본 어휘를 문장의 빈칸에 써 보세요.

함께 해결해야 할 문제가 생기면 먼저 [   ]와 [   ]을 해요.

[   ]와 [   ]으로 서로의 의견을 조정하려고 노력해요.

다수의 의견을 따르는 [   ]으로 문제를 해결하기도 해요.

다수의 의견에 따라 결정하더라도 [   ]을 [   ]해야 해요.

생활 속에서 민주적 의사 결정 원리에 따라
문제를 해결할 수 있어요.

민주적 의사 결정 원리에 따른
문제 해결 과정

문제 확인 ▶ **원인 파악** ▶ **해결 방안 탐색** ▶ **해결 방안 결정** ▶ **실천**

해결해야 할 문제를 확인한다	문제가 발생한 원인을 파악한다	대화와 토론을 통해 해결 방안을 찾는다	해결 방안을 결정한다	해결 방안을 실천한다

생활 속에서 **민주적 의사 결정 원리**에 따라 문제를 해결해요.

해결해야 할 **문제**를 확인하고, 문제가 발생한 [ ]을 파악해요.

대화와 토론을 통해 다양한 [ ] [ ]을 **탐색**해요.

해결 방안을 [ ]하고, 이를 **실천**해요.

민주적으로 문제를 해결하는 방법은 무엇일까요?

핵심 개념

생활 속 갈등

❶ 가족 여행 장소를 정할 때 가족 구성원마다 가고 싶은 장소가 다 다를 수 있어요. 또 학교 체육관에 어떤 체육 기구를 설치할 것인지를 두고 학생들 생각이 나뉘기도 해요. 이와 같이 사람들이 함께 살아가다 보면 개인이나 집단 간에 원하는 것이 달라서 갈등이 발생할 수 있지요. 서로 의견이 달라 갈등이 발생할 때는 민주적 의사 결정 원리에 따라 이를 해결해야 해요.

민주적 의사 결정 원리

❷ 민주적 의사 결정 원리에는 대화와 토론, 양보와 타협, 다수결의 원칙, 소수 의견 존중 등이 있어요. 여러 사람이 함께 중요한 일을 결정하거나 갈등을 해결할 때는 서로 충분한 대화와 토론을 거쳐 모두가 만족할 만한 결론을 내리는 것이 가장 바람직해요. 이 과정에서 서로 양보하거나 타협하면서 의견 차이를 좁혀 나가야 해요.

다수결의 원칙

❸ 대화와 토론을 충분히 했음에도 의견을 하나로 모으기 어려울 때, 다수결의 원칙으로 문제를 해결할 수 있어요. 다수결의 원칙이란 다수의 의견이 소수의 의견보다 더 합리적일 것이라고 가정하고 더 많은 사람이 선택한 의견을 따르는 방법이에요. 다수결의 원칙을 따르면 쉽고 빠르게 문제를 해결할 수 있어요. 하지만 다수의 의견이 언제나 옳다고 할 수는 없으며, 소수의 합리적인 의견이 무시될 가능성도 있어요. 그렇기 때문에 다수결의 원칙을 따르더라도 소수의 의견을 존중하려는 노력이 필요해요.

민주적 의사 결정 원리에 따른 문제 해결 과정

❹ 우리는 일상생활에서 민주적 의사 결정 원리에 따라 문제를 해결할 수 있어요. 예를 들어 동네 골목에 쓰레기를 몰래 버리는 사람이 많아서 동네 주민들이 불편을 느끼는 경우, 이 문제를 어떻게 해결할 수 있을까요? 먼저 문제가 무엇인지 확인하고 그 원인이 무엇인지 파악해요. 쓰레기통이 부족하기 때문인지, 감시하는 눈이 적기 때문인지 생각해 볼 수 있을 거예요. 문제 원인을 파악한 후에는 다양한 해결 방안을 탐색해요. 이때 대화와 토론을 통해 서로의 의견을 나누며, 각 해결 방안의 장단점을 비교해요. 문제 해결 방안으로 쓰레기통을 더 설치해야 한다는 방안과 감시 카메라를 설치하자는 방안이 나왔다면, 다수결의 원칙을 활용하여 하나의 해결 방안으로 결정할 수 있어요. 이때에도 소수의 의견을 반영하려 노력해야 해요. 민주적 의사 결정 원리에 따라 해결 방안을 결정한 후에는 이를 실천하며, 때에 따라 보완하기도 해요.

낱말 풀이

- **의사** 무엇을 하고자 마음먹은 생각.
- **타협** 어떤 일을 서로 양보하여 의논함.
- **다수결** 많은 사람의 의견에 따라 결정을 내리는 일.
- **합리적** 이론이나 이치에 알맞은.
- **가정** 사실이 아니거나 사실인지 아닌지 분명하지 않은 것을 임시로 받아들임.

1 문단별 중심 문장의 빈칸에 들어갈 알맞은 핵심 어휘를 찾아 √표 하세요.

민주적으로 문제를 해결하는 방법은 무엇일까요?

---

①문단 서로 의견이 달라 갈등이 발생할 때는 (　　　) 의사 결정 원리에 따라 이를 해결한다.

☐ 민주적
☐ 선택적

---

②문단 민주적 의사 결정 원리에는 대화와 토론, 양보와 타협, (　　　)의 원칙, 소수 의견 존중 등이 있다.

☐ 만족
☐ 다수결

---

③문단 의견을 하나로 모으기 어려울 때 다수결의 원칙으로 문제를 해결할 수 있으며, 이때 (　　　)의 의견을 존중해야 한다.

☐ 다수
☐ 소수

---

④문단 문제 확인, 문제 원인 파악, (　　　) 탐색, 해결 방안 결정과 실천의 과정을 거쳐 민주적으로 문제를 해결할 수 있다.

☐ 해결 방안
☐ 대화와 토론

---

2 이 글을 읽고 알 수 있는 내용으로 알맞은 것에는 ○표, 알맞지 않은 것에는 ✕표 하세요.

(1) 다수의 의견은 소수의 의견보다 항상 더 옳다. ＿＿＿＿＿＿ (　　　)

(2) 개인이나 집단 간에 원하는 것이 다르면 갈등이 발생할 수 있다. ＿＿＿ (　　　)

(3) 일상생활에서 민주적 의사 결정 원리에 따라 문제를 해결할 수 있다. ＿＿ (　　　)

(4) 대화와 토론을 충분히 했음에도 의견을 하나로 모으기 어려울 때
다수결의 원칙으로 문제를 해결할 수 있다. ＿＿＿＿＿＿＿＿＿＿ (　　　)

3 민주적 의사 결정 원리에 따른 문제 해결 과정과 사례가 알맞게 연결된 것을 고르세요. (   )

> 문제: 동네 골목에 쓰레기를 몰래 버리는 사람이 많아서 동네 주민들이 불편을 느낌.

	문제 해결 과정	사례
①	문제 확인하기	– 골목에 쓰레기통을 설치해 놓았다.
②	문제 원인 파악하기	– 쓰레기통이 부족하거나 감시하는 눈이 적기 때문이다.
③	문제 해결 방안 탐색하기	– 다수결에 따라 쓰레기통을 더 설치하기로 결정했다.
④	문제 해결 방안 결정하기	– 쓰레기통을 더 설치하거나 감시 카메라를 설치하는 방안이 있다.
⑤	문제 해결 방안 실천하기	– 동네 골목에 쓰레기를 몰래 버리는 사람이 많다.

4 <보기>의 (가)와 (나)에 나타난 민주적 의사 결정 원리에 대한 설명으로 알맞지 **않은** 것을 고르세요.

(   )

〈보기〉

(가) ○○시는 △△ 아파트 단지 주민들과 공동 주택 생활 에티켓에 대한 토론회를 열었다. 주민들은 층간 소음과 흡연 에티켓을 중요한 문제로 여기고 있었다. 이날 토론회에서 이에 대한 생각을 활발히 나누고, 아래층을 배려하여 살살 걷기, 베란다에서의 흡연 금지 등의 대책이 필요하다는 데 의견을 모았다.

(나) ○○군은 내년도 예산 편성을 위한 주민 투표를 실시한다고 밝혔다. 투표 결과에 따라 군민들이 필요로 하는 사업 3가지를 최종 선정할 계획이다. 투표 대상 사업은 공공 자전거 대여 사업, 버스 정류장 쉼터 개선 사업 등이다. 군민 누구나 투표할 수 있다.

① (가)에서는 대화와 토론으로 의사 결정을 했다.

② (나)에서는 다수결의 원칙에 따라 의사 결정을 했다.

③ (나)의 의사 결정 원리로 많은 사람의 의견을 빠르게 모을 수 있다.

④ (나)의 의사 결정 원리로 문제 해결이 어려울 때 (가)의 의사 결정 원리를 활용한다.

⑤ (가)의 의사 결정 원리로 모두가 만족할 만한 결론을 찾도록 하는 것이 가장 바람직하다.

다음 구조도의 빈칸에 들어갈 알맞은 어휘를 쓰세요.

민주적인 문제 해결 방법

| 민주적 의사 결정 원리 | 민주적 의사 결정 원리에 따른 문제 해결 과정 |

민주적 의사 결정 원리

- 충분한 대화와 토론을 하기
- 양보와 타협으로 의견 차이 좁히기
- 의견을 하나로 모으기 어려울 때
  을
  따르기
- ☐☐의 의견도 존중하기

민주적 의사 결정 원리에 따른 문제 해결 과정

문제 확인하기
↓
문제 ☐☐ 파악하기
↓
해결 방안 탐색하기
↓
해결 방안 결정하기
↓
해결 방안 실천하기

다음 사례를 보고 소수의 의견을 존중하려는 노력이 필요한 까닭을 쓰세요.

내가 살던 당시만 해도 사람들은 태양이 지구 둘레를 돈다고 믿고 있었어. 나는 망원경을 이용해 지구가 태양 둘레를 돈다는 사실을 발견하고 코페르니쿠스의 '지동설'이 옳다고 주장했지. 하지만 대부분의 사람들은 소수의 의견이던 지동설을 믿지 않았고, 나는 지동설을 퍼뜨린 죄로 재판까지 받았단다.

과학자 갈릴레이

때문에 소수의 의견을 존중하려는 노력이 필요합니다.

✦ 개념

▼ 그림으로 중요한 개념을 만나 보세요.

민주 정치의 원리

국민 주권

주권은 국민에게 있다

→ 주권: 나라의 주인으로서 나라의
중요한 일을 결정하는 권리

권력 분립

국회	정부	법원

국회, 정부, 법원이 국가 권력을 나누어 맡는다

✦ 어휘

▼ 개념에서 살펴본 어휘를 문장의 빈칸에 써 보세요.

국민의 뜻에 따라 이루어지는 정치를 **민주 정치**라고 해요.

민주주의 국가에서는 [＿＿＿＿＿＿＿＿]를 따라요.

민주주의 국가에서는 주권이 국민에게 있다는 [＿＿＿＿]의 원리를 따라요.

민주주의 국가에서는 국가 권력을 나누어 맡는 [＿＿＿＿]의 원리를 따라요.

민주주의 국가에서는
국민 주권, 권력 분립 등과 같은 민주 정치의 원리를 따라요.

민주 정치의 원리가 나타나는 사례

국민이 의견을 제시함

국회가 법을 만듦

정부가 법에 따라 집행함

법원이 법에 따라 재판함

국민 주권의 원리에 따라 [   ]이 나라의 일에 의견을 제시하거나 요구를 해요.

권력 분립의 원리에 따라 [   ]가 법을 만들어요.

권력 분립의 원리에 따라 [   ]가 법에 따라 집행해요.

권력 분립의 원리에 따라 [   ]이 법에 따라 재판해요.

민주 정치의 원리는 무엇일까요?

핵심 개념

민주 정치의 원리

❶ 우리나라 헌법에는 '대한민국의 주권은 국민에게 있고, 모든 권력은 국민으로부터 나온다.'라고 되어 있어요. 주권, 즉 나라의 중요한 일을 결정할 수 있는 힘이 국민에게 있다는 말이에요. 이처럼 국민이 나라의 주인이 되고, 국민의 뜻에 따라 이루어지는 정치를 민주 정치라고 해요. 민주주의 국가에서는 인간의 존엄성을 실현하고 자유와 평등을 보장하고자 민주 정치의 원리를 따라요. 민주 정치의 원리에는 국민 주권, 권력 분립 등이 있어요.

국민 주권

❷ 국민 주권이란 주권이 국민에게 있으며, 나라의 중요한 일을 국민 스스로 결정한다는 것을 말해요. 국민 주권의 원리를 따르는 민주주의 국가에서는 모든 권력이 국민의 동의를 바탕으로 하여 이루어져요. 우리나라는 국민 주권을 헌법에 분명히 밝히고, 국가가 함부로 국민의 권리를 침해할 수 없도록 하고 있어요. 오늘날에는 국민이 국민의 뜻을 반영할 대표자를 뽑는 선거에 참여하여 주권을 행사해요.

권력 분립

❸ 권력 분립은 국가 기관이 권력을 나누어 맡도록 하는 것이에요. 우리나라에서는 국가 권력을 국회, 정부, 법원이 나누어 맡고 있어요. 국회에서는 법을 만들고, 정부에서는 법에 따라 나라를 운영하며, 법원에서는 법에 따라 재판을 해요. 국가 권력이 한 사람이나 한 기관에 집중된다면 그 권력을 마음대로 사용하거나 잘못된 결정을 하여 국민의 자유와 권리를 침해할 수 있기 때문에 서로 견제하면서 균형을 이루게 하고 있어요.

민주 정치의 원리가 나타나는 사례

❹ 국민 주권, 권력 분립과 같은 민주 정치의 원리는 우리 생활과 밀접하게 관련되어 있어요. 어린이 보호 구역에 교통 안전시설이 설치된 사례를 살펴볼까요? 유치원과 학교 주변 어린이 보호 구역 내에서 일어나는 교통사고가 줄지 않자 이에 대한 대책이 필요하다는 국민 여론이 높아졌어요. 이에 국회에서는 어린이 보호 구역에 과속 단속 카메라를 설치하고 어린이 보호 구역에서 큰 사고를 낸 운전자를 강하게 처벌하는 법을 만들었어요. 법이 만들어지자 정부는 이 법에 따라 어린이 보호 구역 내에 과속 단속 카메라를 설치했어요. 그리고 법원에서는 어린이 보호 구역에서 제한 속도를 어기고 운전하여 사고를 낸 운전자를 법에 따라 재판했어요. 이와 같이 국가 기관은 민주 정치의 원리에 따라 우리 일상에서 일어나는 공동의 문제를 해결하려고 노력하고 있어요.

낱말 풀이

- **분립** 여럿으로 갈라져서 따로 자리함.
- **견제** 상대방이 지나치게 세력을 펴거나 제멋대로 하지 못하게 억누름.
- **여론** 어떤 일에 관하여 한 사회의 사람들이 두루 지닌 생각이나 의견.

1

문단별 중심 문장의 빈칸에 들어갈 알맞은 핵심 어휘를 찾아 ✓표 하세요.

민주 정치의 원리는 무엇일까요?

---

❶문단 민주주의 국가에서는 인간의 존엄성을 실현하고 자유와 평등을 보장하고자 (   )의 원리를 따른다.

☐ 힘
☐ 민주 정치

---

❷문단 (   )의 원리는 주권이 국민에게 있다는 것이다.

☐ 국민 주권
☐ 권력 분립

---

❸문단 (   )의 원리는 국가 기관이 권력을 나누어 맡도록 하는 것이다.

☐ 국민 주권
☐ 권력 분립

---

❹문단 국민 주권, 권력 분립과 같은 (   )은/는 우리 생활과 밀접하게 관련되어 있다.

☐ 국민 여론
☐ 민주 정치의 원리

2

이 글을 읽고 알 수 있는 내용으로 알맞은 것에는 ○표, 알맞지 않은 것에는 ✕표 하세요.

(1) 우리나라에서는 국가 권력이 국회에 집중되어 있다. ┄┄┄┄┄┄ (   )

(2) 정부에서 법을 만들고, 국회에서는 법에 따라 나라를 운영한다. ┄┄┄┄ (   )

(3) 우리나라에서는 나라의 중요한 일을 최고 권력자의 마음대로 결정한다. ┄┄┄ (   )

(4) 국민이 나라의 주인이 되고, 국민의 뜻에 따라 이루어지는 정치를
민주 정치라고 한다. ┄┄┄┄┄┄┄┄┄┄┄┄┄┄┄┄┄┄┄┄┄┄ (   )

3 민주 정치의 원리에 대한 설명으로 알맞지 <u>않은</u> 것을 고르세요. ( )

① 민주주의 국가에서는 인간의 존엄성을 제한하고자 민주 정치의 원리를 따른다.

② 권력 분립을 하는 것은 국민의 자유와 권리를 침해하지 않도록 하기 위해서이다.

③ 민주주의 국가에서 따르는 민주 정치의 원리에는 국민 주권, 권력 분립 등이 있다.

④ 국가 기관은 일상생활 속 공동의 문제를 해결할 때에도 민주 정치의 원리에 따른다.

⑤ 우리나라에서는 권력 분립의 원리에 따라 국가 권력을 국회, 정부, 법원이 나누어 맡고 있다.

4 이 글과 <보기>를 읽고 알 수 있는 내용으로 알맞지 <u>않은</u> 것을 고르세요. ( )

─── 〈보기〉 ───

선거 팸플릿

국민 주권을 실현하려면 모든 국민이 나랏일을 결정하는 데 직접 참여해야 합니다. 그러나 오늘날에는 나라의 규모가 커지고 인구가 많아져 모든 국민이 다 모여 나랏일을 결정하는 것은 현실적으로 어렵습니다. 이 때문에 대부분의 민주주의 국가에서는 선거로 대표를 뽑아 나랏일을 맡깁니다. 즉 나라의 주인인 국민이 대표를 뽑아 나라를 운영할 수 있는 권력을 주는 것입니다. 선거로 뽑힌 대표자는 국민의 뜻에 따라 국가 권력을 사용해야 합니다.

우리나라는 과거에 독재 정치로 국민 주권이 침해당하기도 했지만 4·19 혁명 등을 거치며 오늘날과 같은 민주주의 발전을 이루었습니다. 국민은 중요한 사회 문제가 있을 때 직접 모여서 문제 해결을 요구하는 등 정치에 관심을 갖고 국민 주권을 지키려 노력해야 합니다.

촛불 집회에 참여한 시민들

① 국민 주권은 민주 정치의 원리 중 하나이다.

② 선거에서 대표자를 뽑는 일은 국민 주권을 실현하는 방법이다.

③ 주권자로서 주인 의식을 가지지 않으면 주권을 침해당할 수 있다.

④ 국민이 뽑은 대표자는 자신의 이익과 뜻에 따라 국가 권력을 사용할 수 있다.

⑤ 오늘날 대부분의 민주주의 국가에서는 국민이 선거에 참여하여 주권을 행사한다.

다음 구조도의 빈칸에 들어갈 알맞은 어휘를 쓰세요.

┌─────────────────────┐
│ ☐☐ ☐☐   │
├─────────────────────┤
│ 국민이 나라의 주인이 되고 국민의 뜻에 │
│ 따라 이루어지는 정치   │
└─────────────────────┘

민주 정치의 원리

- 국민 주권의 원리: ☐☐이 국민

에게 있으며, 나라의 중요한 일을 국

민 스스로 결정한다는 것

- 권력 ☐☐의 원리: 국가 기관이

권력을 나누어 맡도록 하는 것

민주 정치의 원리가 나타나는 사례

어린이 보호 구역과 관련하여

국민 여론이 생김.

↓

국회에서 관련 법을 만듦.

↓

정부에서 법에 따라 실행함.

↓

법원에서 법에 따라 재판함.

우리나라 헌법 제1조 제2항에 밝히고 있는 민주 정치의 원리와 그 뜻을 쓰세요.

┌─────────────────────┐
│ **대한민국 헌법 제1조 제2항**   │
│ 대한민국의 주권은 국민에게 있고,   │
│ 모든 권력은 국민으로부터 나온다.   │
└─────────────────────┘

─〈조건〉─

1. 어떤 민주 정치의 원리를 나타낸

것인지 쓰세요.

2. 해당 원리의 뜻을 주어진 어휘를

모두 넣어 쓰세요.

(결정) (국민) (주권)

우리나라 헌법 제1조 제2항에서 밝히고 있는 민주 정치의 원리는 ＿＿＿＿＿＿＿

＿＿＿＿＿＿＿ 입니다. 이 원리는 ＿＿＿＿＿＿＿＿＿＿＿＿＿＿

＿＿＿＿＿＿＿＿＿＿＿＿＿＿＿＿＿＿＿＿＿＿＿ 것을 말합니다.

✦ 개념

▼ 그림으로 중요한 개념을 만나 보세요.

국가 기관의 역할

국회(입법부)

법을 만들거나 고치고 없앤다

정부(행정부)

법에 따라 나라 살림을 한다

법원(사법부)

법에 따라 재판을 한다

✦ 어휘

▼ 개념에서 살펴본 어휘를 문장의 빈칸에 써 보세요.

민주주의 국가에서는 서로 다른 [   ] [   ]이 국가 권력을 나누어 맡아요.

입법부인 [   ]는 국민의 뜻에 따라 법을 만들거나 고치고 없애는 일을 해요.

행정부인 [   ]는 법에 따라 나라 살림을 맡아 해요.

사법부인 [   ]은 법에 따라 재판을 해요.

국가 기관의 삼권 분립

국회(입법권)

삼권
분립

정부(행정권)

법원(사법권)

국가 기관이 서로 **견제**하고 **균형**을 이루게 하여 국민의 **자유와 권리를 보장**한다

민주주의 국가에서는 **권력 분립의 원리**를 따라요.

우리나라는 국가 권력이 입법, 행정, 사법의 [＿＿＿]으로 **분립**되어 있어요.

우리나라는 삼권 분립을 통해 국가 기관이 서로 [＿＿]하고 [＿＿]을 이뤄요.

우리나라는 삼권 분립을 통해 국민의 [＿＿]와 [＿＿]를 **보장**해요.

국가 기관은 어떤 일을 할까요?

핵심 개념

**국가 기관의
삼권 분립**

❶ 우리나라는 권력 분립의 원리에 따라 국회, 정부, 법원의 세 국가 기관이 권력을 나누어 맡고 있어요. 이를 삼권 분립이라고 해요.

국회가 하는 일

❷ 국회에서는 삼권 중에서 법을 만드는 권리인 입법권을 가지고 있어요. 그래서 입법부라고도 해요. 국회는 국민의 대표인 국회 의원들로 구성된 국민의 대표 기관으로, 주로 법을 만들거나 고치고 없애는 일을 해요. 법은 민주주의 국가에서 일어나는 문제를 해결하는 기준이 되기 때문에 법을 만드는 일은 국회에서 하는 일 가운데 가장 중요해요. 국회는 나라 살림에 필요한 예산안을 심의하여 확정하고, 이미 사용한 예산이 잘 쓰였는지 검토하는 일도 해요. 또한 국정 감사를 하여 정부가 법에 따라 일을 잘하는지 확인하는 일을 해요.

정부가 하는 일

❸ 정부는 국회에서 만든 법에 따라 나라의 살림살이를 맡아 집행하는 행정권을 가지고 있어요. 그래서 행정부라고도 해요. 우리나라 정부는 대통령을 중심으로 국무총리와 행정 각부 등으로 구성되어 있어요. 국민이 선출한 대통령은 정부의 최고 책임자로서 나라의 중요한 일을 결정하고, 국무총리는 대통령을 도와 행정 각부를 관리해요. 행정 각부는 교육, 경제, 외교, 국방, 통일 등 나라의 행정을 나누어 맡아서 국민이 안전하고 편리한 생활을 할 수 있도록 해요.

법원이 하는 일

❹ 법원은 법에 따라 재판을 하는 사법권을 가지고 있으며, 사법부라고 해요. 법을 적용하여 판단하는 일을 담당하는 기관이에요. 우리나라 법원은 최고 법원인 대법원과 그 아래의 고등 법원, 지방 법원 등 각급 법원으로 구성돼요. 법원에서는 사람들 사이에 다툼이 생기거나 누군가가 억울한 일을 당하면 재판으로 문제를 해결해 주고, 법을 어긴 사람을 처벌하여 사회 질서를 바로잡는 역할을 해요. 우리나라에서는 법원을 다른 국가 기관으로부터 독립시켜 재판이 공정하게 이뤄질 수 있도록 하고 있어요.

**삼권 분립의
목적**

❺ 우리나라를 비롯한 대부분의 민주주의 국가에서는 삼권 분립을 하고 있어요. 삼권 분립은 한 기관이 국가의 중요한 일을 마음대로 처리할 수 없도록 서로 견제하고 균형을 이루게 하여 국민의 자유와 권리를 보장하고자 한 것이에요.

낱말 풀이

• **삼권** 입법권, 사법권, 행정권을 통틀어 이르는 말.
• **예산안** 예산(돈을 어떤 일에 얼마나 쓸지 미리 계산해서 정함)을 정하려고 세운 계획.
• **심의** 어떤 내용이나 문제 등의 좋고 나쁨이나 알맞은 정도를 자세히 살핌.
• **국정 감사** 국회에서 때를 정해 행정부의 공무원이 법률에 따라 나랏일을 했는지 살피고 따지는 일.
• **집행** 법률, 명령, 재판 등의 내용을 실제로 행함.

1

문단별 중심 문장의 빈칸에 들어갈 알맞은 핵심 어휘를 찾아 ✓표 하세요.

국가 기관은 어떤 일을 할까요?

❶문단 국회, 정부, 법원의 세 국가 기관이 권력을 나누어 맡는 것을
( )이라고 한다.

☐ 입법권
☐ 삼권 분립

---

❷문단 국회는 입법권을 가지며, ( )을 만들거나 고치고 없애는
일 등을 한다.

☐ 법
☐ 예산안

---

❸문단 정부는 행정권을 가지며, 나라의 ( )를 맡아 한다.

☐ 살림살이
☐ 국정 감사

---

❹문단 법원은 사법권을 가지며, 법에 따라 ( )을 한다.

☐ 재판
☐ 행정

---

❺문단 우리나라를 비롯한 민주주의 국가에서는 국민의 ( )을/
를 보장하기 위해 삼권 분립을 하고 있다.

☐ 견제와 균형
☐ 자유와 권리

2

이 글을 읽고 알 수 있는 내용으로 알맞은 것에는 ○표, 알맞지 않은 것에는 ✕표 하세요.

(1) 우리나라는 삼권 분립을 하고 있다. ⸻ ( )

(2) 법에 따라 집행하는 권리를 사법권이라고 한다. ⸻ ( )

(3) 우리나라 국회는 대통령과 국무총리 등으로 구성되어 있다. ⸻ ( )

(4) 법원에서는 재판으로 문제를 해결하고 사회 질서를 바로잡는
역할을 한다. ⸻ ( )

3 우리나라 국가 기관에 대한 설명으로 알맞지 <u>않은</u> 것을 고르세요. ( )

① 국회는 입법권, 정부는 행정권, 법원은 사법권을 각각 가지고 있다.

② 우리나라 정부는 대통령, 국무총리, 행정 각부 등으로 구성되어 있다.

③ 국회에서는 나라 살림에 필요한 예산안을 심의하여 확정하는 일도 한다.

④ 우리나라는 국회, 정부, 법원의 세 국가 기관이 권력을 나누어 맡고 있다.

⑤ 법원은 다른 국가 기관으로부터 독립하여 국가의 중요한 일을 마음대로 처리할 수 있다.

4 <보기>의 ㉠~㉤에 들어갈 말로 알맞지 <u>않은</u> 것을 고르세요. ( )

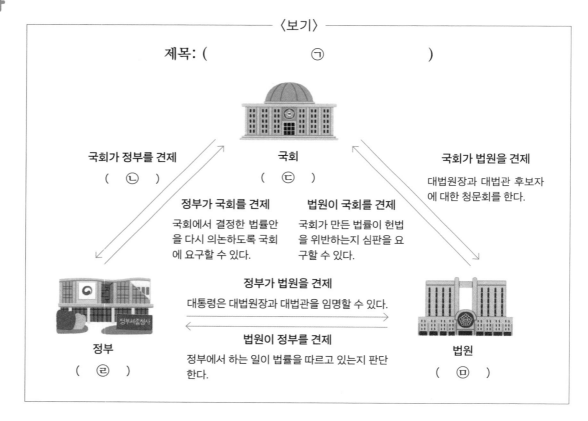

① ㉠: 우리나라의 국가 기관이 삼권 분립으로 견제하는 모습

② ㉡: 국정 감사를 하여 정부가 법에 따라 일하는지 확인한다.

③ ㉢: 법을 만든다.

④ ㉣: 법에 따라 나라 살림을 한다.

⑤ ㉤: 법을 고치고 없앤다.

5 다음 구조도의 빈칸에 들어갈 알맞은 어휘를 쓰세요.

☐☐ 분립
국회, 정부, 법원의 세 국가 기관이 권력을 나누어 맡는 것

국회	☐☐	법원
– 국민의 대표인 국회 의원들로 구성됨. – ☐☐을 만들거나 고치고 없애는 일을 함.	– 대통령을 중심으로 국무총리, 행정 각부 등으로 구성됨. – 나라의 살림살이를 맡아 함.	– 대법원, 고등 법원, 지방 법원으로 구성됨. – 법에 따라 ☐☐을 함.

6 다음 밑줄 친 부분에 들어갈 삼권 분립의 목적을 쓰세요.

온라인 모둠 활동 ○○○
한 사람이 모든 국가 권력을 가질 때 일어나는 일에 대한 의견 나누기

1모둠: 역사 속 사례 조사하기	2모둠: 삼권 분립이 필요한 까닭 제시하기
1600년대 후반 프랑스를 다스렸던 왕 루이 14세는 강한 권력을 휘둘렀다. 모든 권한이 왕에게 집중되도록 했으며, 국가를 자신의 소유물처럼 생각했다. 잦은 전쟁을 일으키고 사치스러운 생활을 하여 백성들의 삶이 힘들어졌지만 누구도 루이 14세의 결정을 말릴 수 없었다.	한 개인이나 기관이 국가의 중요한 일을 마음대로 처리할 수 없도록 삼권 분립을 해야 합니다. 삼권 분립의 목적은 _ _ _ _ _ _ _ _ _ _ _ _ _ _ _ _ _ _ _ _ _ _ _ _ _ _ _ _ _ _ _ _ _하는 것입니다.

▼ 다음 글을 읽고 물음에 답하세요. (1~3)

(가)　　1961년 박정희와 일부 군인들이 군사 정변을 일으켜 권력을 잡았어요. 대통령이 된 박정희는 대통령을 세 번까지 할 수 있도록 헌법을 바꾸었어요. 1972년에는 대통령을 할 수 있는 횟수 제한을 없애고, 대통령 직선제를 간선제로 바꾸는 등의 내용을 담은 유신 헌법을 새로 만들었어요. 박정희 정부가 강력한 독재 정치를 펼치자, 유신 헌법 철폐와 독재 정치 반대를 외치는 시위가 일어났어요. 이러한 혼란스러운 상황에서 1979년 박정희가 부하의 총에 맞아 사망했어요. 박정희 정부가 무너지자, 시민들은 오랫동안 바라던 민주화가 이뤄질 것으로 기대했어요. 하지만 전두환을 중심으로 한 일부 군인들이 다시 군사 정변을 일으켜 권력을 잡았어요.

　　이에 시민들은 민주화를 요구하며 전국에서 시위를 벌였어요. 이를 막기 위해 전두환을 중심으로 한 군인 세력은 계엄령을 전국으로 확대했고, 1980년 5월 18일 전라남도 광주에서 대규모 시위가 일어나자, 광주에 계엄군을 보냈어요. 계엄군은 시민과 학생들을 향해 총을 쏘며 폭력적으로 시위를 진압했어요. 광주 시민은 시민군을 만들어 저항했지만 결국 강제 진압되었고, 이 과정에서 수많은 사람이 희생되었어요.

1 **(가)를 읽고, 우리나라 민주주의 발전 과정에서 일어난 일로 알맞지 <u>않은</u> 것을 고르세요. (　　)**

① 박정희와 전두환은 군사 정변을 일으켜 권력을 잡았다.
② 1980년 5월 대규모 시위에서 수많은 광주 시민이 희생되었다.
③ 박정희는 강력한 독재 정치를 펼치려고 유신 헌법을 새로 만들었다.
④ 우리나라 국민들은 민주주의를 지키기 위해 독재 권력에 맞서 싸웠다.
⑤ 시민들의 민주화 시위의 결과 박정희 정부가 무너지고 곧바로 민주화가 이루어졌다.

2 **(가)와 (나)를 읽고, 국민 주권에 대한 설명으로 알맞지 <u>않은</u> 것을 고르세요. (　　)**

① 우리나라는 국가가 국민 주권을 침해할 수 없도록 헌법에 밝히고 있다.
② 과거에 권력자들이 독재와 장기 집권을 위해 국민 주권을 침해하는 일이 있었다.
③ 국민이 나라를 위해 일할 대표를 뽑는 선거는 국민 주권의 원리를 따른 것이 아니다.
④ 우리 국민은 5·18 민주화 운동에서 독재 정권에 맞서며 국민 주권을 지키고자 노력했다.
⑤ 대통령 마음대로 헌법을 바꾸거나 폭력적으로 시위를 진압하는 것은 국민 주권에 어긋난다.

(나)　민주 정치의 원리에는 국민 주권, 권력 분립 등이 있어요. 국민 주권이란 주권이 국민에게 있으며, 나라의 중요한 일을 국민 스스로 결정하는 것을 말해요. 우리나라는 국민 주권을 헌법에 분명히 밝히고, 국가가 함부로 국민의 권리를 침해할 수 없도록 하고 있어요. 오늘날 국민은 대표를 뽑는 선거 등을 통해 주권을 행사해요.

권력 분립은 국가 기관이 권력을 나누어 맡도록 하는 것이에요. 우리나라는 국가 권력을 국회, 정부, 법원이 나누어 맡고 있으며, 이를 삼권 분립이라고 해요.

(다)　**우리나라 국가 기관의 삼권 분립**

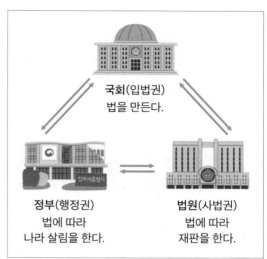

국회(입법권) 법을 만든다.

정부(행정권) 법에 따라 나라 살림을 한다.

법원(사법권) 법에 따라 재판을 한다.

3 (나)와 (다)를 보고, <보기>의 헌법 조항에 대한 설명으로 알맞은 것을 고르세요. (　　)

〈보기〉

대한민국 헌법

제1조 제1항 대한민국은 민주 공화국이다.
제1조 제2항 대한민국의 주권은 국민에게 있고, 모든 권력은 국민으로부터 나온다.
제40조 입법권은 국회에 속한다.
제66조 제4항 행정권은 대통령을 수반으로 하는 정부에 속한다.
제101조 제1항 사법권은 법관으로 구성된 법원에 속한다.

① 대한민국 헌법 제1조 제2항에서는 권력 분립의 원리를 밝히고 있다.
② 대한민국 헌법 제66조 제4항에 나타난 행정권은 국회가 가진 권한이다.
③ 대한민국 헌법 제40조에 나타난 입법권은 법에 따라 재판을 할 수 있는 권한이다.
④ 대한민국 헌법에서는 국민 주권의 원리만 밝히고 있고, 권력 분립의 원리는 밝히고 있지 않다.
⑤ 대한민국 헌법에서는 국가 권력을 국회, 정부, 법원이 나누어 맡는 삼권 분립 형태로 권력 분립의 원리를 따르고 있다.

▼ 문장의 빈칸에 들어갈 알맞은 어휘를 보기 에서 골라 쓰세요. (1~6)

---

01 우리나라의 민주주의는 어떻게 발전했을까요?   보기 **4·19 혁명 / 5·18 민주화 운동 / 6월 민주 항쟁**

(1) 3·15 부정 선거에 맞서 시민과 학생이 (   )을 일으켜 독재 정권을 무너뜨렸다.

(2) 전두환을 중심으로 한 군인 세력의 탄압에 맞서 광주 시민들이 (   )으로 민주주의를 지키려 했다.

---

02 6월 민주 항쟁 이후 우리나라의 민주주의는 어떻게   보기 **간선제 / 직선제 / 4·19 혁명 / 6월 민주 항쟁**
발전해 왔을까요?

(1) 5·18 민주화 운동을 진압하고 대통령이 된 전두환 정부는 민주화를 탄압했고, 이에 맞서 시민과 학생들은 민주화를 요구하며 (   )을/를 벌였다.

(2) 전두환 정부는 대통령 (   ) 등 국민의 민주화 요구를 받아들이는 6·29 민주화 선언을 발표했다.

---

03 민주주의는 왜 중요할까요?   보기 **권리 / 민주주의 / 자유주의 / 평등**

(1) (   )은/는 모든 국민이 나라의 주인으로 권리를 지니고, 그 권리를 자유롭고 평등하게 행사하는 정치 형태를 말한다.

(2) 민주주의의 기본 정신은 인간의 존엄성, 자유, (   )이다.

---

04 민주적으로 문제를 해결하는 방법은 무엇일까요?   보기 **다수결 / 민주적 / 사회적 / 표결**

(1) 서로 의견이 달라 갈등이 발생할 때는 (   ) 의사 결정 원리에 따라 이를 해결한다.

(2) 민주적 의사 결정 원리에는 대화와 토론, 양보와 타협, (   )의 원칙, 소수 의견 존중 등이 있다.

---

05 민주 정치의 원리는 무엇일까요?   보기 **국민 주권 / 권력 독립 / 권력 분립 / 자유권**

(1) 민주 정치의 원리 중 (   )의 원리는 주권이 국민에게 있다는 것이다.

(2) 민주 정치의 원리 중 (   )의 원리는 국가 기관이 권력을 나누어 맡도록 하는 것이다.

---

06 국가 기관은 어떤 일을 할까요?   보기 **국민 주권 / 삼권 분립 / 재판 / 행정**

(1) 국회, 정부, 법원의 세 국가 기관이 권력을 나누어 맡는 것을 (   )이라고 한다.

(2) 정부는 나라의 살림살이를 맡아 하며, 법원은 법에 따라 (   )을 한다.

우리나라의 경제 발전

01 경제활동에서 가계와 기업은 어떤 역할을 할까요?

▼ 그림으로 중요한 개념을 만나 보세요.

가계와 기업의 경제적 역할

가계

기업에 **노동력**을 제공함

물건이나 서비스를 **소비**함

→ 가계: 가정 살림을 같이하는 생활 공동체

기업

○○ 기업 면접장

가계에 **일자리**를 제공함

물건이나 서비스를 **생산**함

✦ 어휘

▼ 개념에서 살펴본 어휘를 문장의 빈칸에 써 보세요.

가계는 기업에 〔　　　〕을 제공해요.

가계는 기업이 생산한 물건이나 서비스를 〔　　〕해요.

기업은 가계에 〔　　　〕를 제공해요.

기업은 가계에 필요한 물건이나 서비스를 〔　　〕해요.

가계는 물건이나 서비스를 소비하고
기업은 물건이나 서비스를 생산하여 경제활동을 해요.

가계와 기업의 합리적 선택

가계

1,000원   500원

가장 적은 비용으로
가장 큰 **만족감**을 얻도록 소비함

기업

가장 적은 비용으로
가장 큰 **이윤**을 얻도록 생산하고 판매함

→ 이윤: 물건이나 서비스를 판매해
얻은 수입에서 비용을 뺀 금액

가계는 소비할 때 합리적 선택을 해야 해요.

가계는 적은 비용으로 가장 큰 [   ]을 얻을 수 있도록 소비해요.

기업은 물건이나 서비스를 생산할 때 합리적 선택을 해야 해요.

기업은 적은 비용으로 큰 [   ]을 얻을 수 있도록 생산하고 판매해요.

경제활동에서 가계와 기업은 어떤 역할을 할까요?

▼ 다음 글을 읽고 물음에 답하세요. (1~6)

핵심 개념

가계와 기업의 경제적 역할

❶ 사람들의 생활에 필요한 것들을 만들고, 이것들을 사고팔거나 사용하는 것과 관련된 모든 활동을 경제활동이라고 해요. 경제활동에 참여하는 경제 주체에는 가계와 기업 등이 있어요. 가계는 가정 살림을 같이하는 생활 공동체를 말해요. 기업은 이윤을 얻을 목적으로 생산 활동을 하는 조직을 말해요. 자동차를 만드는 회사도 기업이고, 빵을 만들어 파는 동네 빵집이나 의료 서비스를 제공하는 병원도 기업이에요. 가계는 생산에 필요한 노동력을 기업에 제공하여 소득을 얻고 물건이나 서비스를 소비하며, 기업은 가계에 일자리를 제공하고 물건이나 서비스를 생산해요.

가계와 기업의 경제활동

❷ 가계와 기업의 경제활동은 밀접한 관계를 맺고 있어요. 예를 들어 가계를 이끄는 홍길동 씨는 에어컨 회사인 기업에서 일을 하고 그 대가로 소득을 얻어요. 즉, 가계는 그 소득으로 옷도 사고 미용실도 가는 등 물건과 서비스를 사는 소비 활동을 해요. 한편, 에어컨 회사, 즉 기업은 홍길동 씨에게 일자리를 제공하고, 가계의 노동력을 활용하여 에어컨을 만들거나 에어컨 설치 서비스를 하는 등 사람들에게 필요한 물건과 서비스를 만드는 생산 활동을 하지요. 그리고 생산한 물건이나 서비스를 공급하고 판매하여 이윤을 얻어요. 가계와 기업은 시장에서 만나 물건과 서비스를 거래하면서 자유로운 경제활동을 하며, 가계와 기업의 경제활동은 서로에게 도움이 돼요.

합리적 선택

❸ 그런데 가계와 기업은 경제활동을 하면서 끊임없이 선택의 문제에 부딪혀요. 가계는 더 큰 만족을 얻고 싶지만 소득이 한정되어 있고, 기업은 더 많은 이윤을 얻어야 하는데 사람들이 원하는 것을 무제한으로 생산할 수는 없기 때문이에요. 그래서 가계와 기업 모두 합리적 선택을 해야 해요.

가계의 합리적 선택

❹ 가계는 소득이 한정되어 있으므로 소비 활동을 할 때 소득 범위 안에서 적은 비용으로 가장 큰 만족감을 얻을 수 있도록 합리적 선택을 해야 해요. 가격, 품질, 디자인 등 여러 기준을 고려해야 하는데, 사람마다 선택 기준과 우선순위는 다를 수 있어요. 합리적 선택을 하지 않으면 같은 비용을 들이고도 만족감이 떨어질 수 있어요.

기업의 합리적 선택

❺ 기업은 생산 활동을 할 때 적은 비용으로 큰 이윤을 얻을 수 있도록 합리적 선택을 해야 해요. 소비자가 원하는 상품이 무엇인지 분석하여 어떤 물건이나 서비스를 생산할지 선택하고, 비용을 줄일 수 있는 생산 방법과 상품을 많이 팔 수 있는 홍보 방법을 찾아요. 합리적 선택을 하지 않으면 다른 기업과의 경쟁에서 뒤처질 수 있어요.

낱말 풀이

• **경제 주체** 경제활동을 하는 개인이나 집단. 가계, 기업, 정부가 있다.
• **시장** 경제 주체가 만나 물건이나 서비스를 사고파는 곳.

1 문단별 중심 문장의 빈칸에 들어갈 알맞은 핵심 어휘를 찾아 ✓표 하세요.

경제활동에서 가계와 기업은 어떤 역할을 할까요?

❶문단 ( )는 가정 살림을 같이하는 생활 공동체이고, 기업은 이윤을 얻을 목적으로 생산 활동을 하는 조직이다.
- [ ] 가계
- [ ] 회사

❷문단 가계는 기업에서 일하여 얻은 소득으로 소비 활동을 하고, ( )은 가계의 노동력을 활용하여 생산 활동을 한다.
- [ ] 기업
- [ ] 시장

❸문단 가계와 기업은 경제활동을 할 때 ( ) 선택을 해야 한다.
- [ ] 원하는
- [ ] 합리적

❹문단 가계는 적은 비용으로 가장 큰 ( )을 얻을 수 있도록 합리적 선택을 해야 한다.
- [ ] 이윤
- [ ] 만족감

❺문단 기업은 적은 비용으로 큰 ( )을 얻을 수 있도록 합리적 선택을 해야 한다.
- [ ] 이윤
- [ ] 만족감

2 이 글을 읽고 알 수 있는 내용으로 알맞은 것에는 ○표, 알맞지 않은 것에는 ✕표 하세요.

(1) 빵을 만들어 파는 동네 빵집은 경제 주체 중에서 가계에 해당한다. ┄┄┄┄ ( )

(2) 가계에서 합리적 선택을 해야 하는 까닭은 소득이 한정되어 있기 때문이다. ┄┄┄┄ ( )

(3) 기업은 생산 활동을 할 때 큰 비용으로 큰 이윤을 얻을 수 있도록 합리적 선택을 해야 한다. ┄┄┄┄ ( )

(4) 가계는 노동력을 활용하여 사람들에게 필요한 물건이나 서비스를 만드는 생산 활동을 한다. ┄┄┄┄ ( )

3 가계와 기업이 합리적 선택을 한 경우로 알맞지 <u>않은</u> 것을 고르세요.   (   )

① 기업: 상품을 드라마 소품으로 쓰이게 해서 홍보하려 해요.

② 기업: 포장 박스 크기를 줄여서 생산 비용을 아껴야겠어요.

③ 기업: 소비자들이 먹고 싶어 하는 과자를 분석하여 생산해야겠어요.

④ 가계: 이 제품이 좀 비싸긴 했는데 품질이 좋은 것을 샀더니 만족스러워요.

⑤ 가계: 소비할 때는 가격을 우선순위로 두어야만 합리적 선택을 할 수 있어요.

4 이 글을 바탕으로 할 때, <보기>의 ㉠~㉢에 대한 설명으로 알맞지 <u>않은</u> 것을 고르세요. (   )

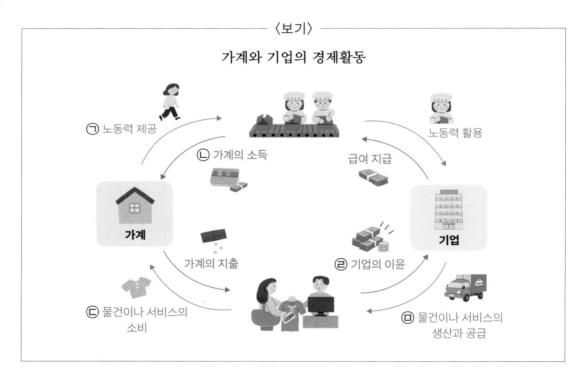

〈보기〉

가계와 기업의 경제활동

① ㉠: 가계는 물건이나 서비스의 생산에 필요한 노동력을 기업에 제공한다.

② ㉡: 가계는 기업의 생산 활동에 참여한 대가로 소득을 얻는다.

③ ㉢: 가계는 소득으로 필요한 물건이나 서비스를 구입하여 소비 활동을 한다.

④ ㉣: 기업은 물건이나 서비스를 소비하여 이윤을 얻는다.

⑤ ㉤: 기업은 가계의 노동력을 활용하여 물건과 서비스를 생산한다.

5 다음 구조도의 빈칸에 들어갈 알맞은 어휘를 쓰세요.

가계와 기업의 경제활동

가계와 기업의 경제적 역할과 경제활동

〈가계〉

– 기업에 노동력을 제공함.

– 물건과 서비스를 [ ]함.

〈기업〉

– 가계에 일자리를 제공함.

– 물건과 서비스를 생산하여 공급함.

가계와 기업이 시장에서 물건과 서비스를 거래하면서 서로 도움을 주고받음.

가계와 기업의 합리적 선택

〈가계의 합리적 선택〉

– 소득 범위 안에서 적은 비용으로 가장 큰 [ ]을 얻을 수 있도록 선택함.

〈기업의 합리적 선택〉

– 적은 비용으로 큰 [ ]을 얻을 수 있도록 선택함.

6 가계에서 합리적 선택을 해야 하는 까닭과 방법을 쓰세요.

이번 달 예산을 생각하고, 내가 원하는 것을 사야지.

〈조건〉

1. 주어진 어휘를 모두 넣어 쓰세요.
   (가계)   (만족감)
   (비용)   (소득)
2. 한 문장으로 쓰세요.

02 우리나라 경제의 특징은 무엇일까요?

✦ 개념

▼ 그림으로 중요한 개념을 만나 보세요.

우리나라 경제의 특징

자유

개인

직업을 선택할 자유

기업

상품과 생산 방법을 결정할 자유

경쟁

더 좋은 일자리를 얻으려고 경쟁함

더 많은 이윤을 얻으려고 경쟁함

✦ 어휘

▼ 개념에서 살펴본 어휘를 문장의 빈칸에 써 보세요.

우리나라에서 **개인**은 직업을 선택할 ☐☐ 가 있어요.

개인은 더 좋은 일자리를 얻으려고 다른 사람과 ☐☐ 하기도 해요.

우리나라에서 **기업**은 생산할 상품과 생산 방법을 결정할 ☐☐ 가 있어요.

우리나라에서 기업은 더 많은 이윤을 얻으려고 다른 기업과 ☐☐ 하기도 해요.

우리나라에서 개인과 기업의 경제활동은
자유와 경쟁 속에서 이루어져요.

공정한 경제활동을 위한 노력

정부

공정한 경제활동의 기준이 되는
법과 제도를 마련함

기업이 공정한 경제활동을 하도록
감시하고 규제함

시민 단체

불공정한 경제활동을 감시하고
정부에 해결을 요구함

정부와 시민 단체는 기업의 **공정한 경제활동**을 위해 노력해요.

☐☐는 공정한 경제활동의 기준이 되는 ☐과 ☐☐를 마련해요.

정부는 기업이 공정한 경제활동을 하도록 ☐☐하고 ☐☐해요.

☐☐ ☐☐도 기업의 불공정한 경제활동을 감시해요.

우리나라 경제의 특징은 무엇일까요?

핵심 개념

우리나라 경제의 특징

❶ 우리나라 경제의 특징은 자유와 경쟁이에요. 우리나라에서 개인은 자신의 능력과 적성에 따라 자유롭게 직업을 선택할 수 있어요. 또 경제활동으로 얻은 소득을 자신의 결정에 따라 자유롭게 사용할 수 있지요. 기업 역시 어떤 물건이나 서비스를 얼마만큼 생산할지, 어떻게 판매할지, 수익을 어떻게 사용할지 자유롭게 결정할 수 있어요.

❷ 또한 개인은 더 좋은 일자리를 얻거나 원하는 물건을 사기 위해 다른 사람과 경쟁하기도 해요. 경쟁에서 앞서기 위해서 자신의 능력을 키우려 노력하지요. 기업 역시 더 많은 이윤을 얻으려고 다른 기업들과 경쟁하며, 경쟁에서 앞서기 위해 더 낮은 가격으로 더 좋은 품질의 제품을 만들려고 노력해요.

자유로운 경제활동의 좋은 점

❸ 자유와 경쟁 속에서 이루어지는 경제활동은 개인과 기업, 국가의 경제 발전에 도움을 줘요. 개인은 자신의 능력을 더 잘 발휘할 수 있고, 다양하고 질 좋은 물건과 서비스를 소비하여 만족을 얻을 수 있어요. 기업도 더 좋은 물건이나 서비스를 개발해 보다 많은 이윤을 얻을 수 있어요.

불공정한 경제활동으로 생기는 문제

❹ 이처럼 자유로운 경제활동은 우리 경제에 도움이 되지만, 불공정한 경제활동은 여러 가지 문제를 낳아요. 예를 들어 기업에서는 거짓·과장 광고를 하거나, 일부 회사끼리 서로 짜고 함께 가격을 올리기도 하며, 생산 비용을 아끼려고 질이 좋지 않은 값싼 재료로 물건을 만들기도 해요. 불공정한 경제활동을 하면 소비자는 잘못된 정보를 가지고 상품을 선택하게 되거나 좋은 품질의 상품을 사지 못하는 등 피해를 볼 수 있어요. 또 우리 사회의 경제 질서가 혼란해질 수 있어요.

공정한 경제활동을 위한 노력

❺ 따라서 정부는 공정한 경제활동이 이루어지도록 다양하게 노력하고 있어요. 정부는 공정한 경제활동의 기준이 되는 법과 제도를 마련하고, 기업이 소비자를 속이는 거짓·과장 광고를 하지 못하도록 감시해요. 기업끼리 약속하여 가격을 올리거나, 특정 물건을 하나의 기업에서만 만들고 팔면서 가격을 마음대로 올리는 것을 규제해요. 또한 여러 기업에서 물건을 만들어 팔 수 있도록 지원하기도 해요. 정부뿐만 아니라 시민 단체도 기업의 불공정한 경제활동을 감시하고 정부에 해결을 요구하여 소비자의 권리와 이익을 보호하고자 노력해요. 이처럼 우리나라 경제는 자유로운 경쟁을 바탕으로 하는 동시에 적절한 규제를 통해 공정한 경쟁이 이루어지도록 하고 있어요.

낱말 풀이

• **거짓·과장 광고** 사실과 다르게 표시·광고하거나 사실을 지나치게 부풀려 표시·광고하는 것.
• **규제** 규칙이나 법에 의하여 개인이나 단체의 활동을 제한함.

1

문단별 중심 문장의 빈칸에 들어갈 알맞은 핵심 어휘를 찾아 ✓표 하세요.

우리나라 경제의 특징은 무엇일까요?

❶문단 우리나라 경제의 특징은 (   )이다.

☐ 규제와 보호
☐ 자유와 경쟁

❷문단 우리나라에서 개인과 기업은 다른 사람이나 기업과 (   )한다.

☐ 경쟁
☐ 노력

❸문단 자유와 경쟁 속에서 이루어지는 경제활동은 개인과 기업, 국가의 경제 발전에 (   )을/를 준다.

☐ 도움
☐ 피해

❹문단 (   ) 경제활동은 여러 가지 문제를 낳는다.

☐ 불공정한
☐ 자유로운

❺문단 우리나라 경제는 자유로운 경쟁을 바탕으로 적절한 (   )을/를 통해 공정한 경쟁이 이루어지도록 하고 있다.

☐ 가격
☐ 규제

2

이 글을 읽고 알 수 있는 내용으로 알맞은 것에는 ○표, 알맞지 않은 것에는 ✕표 하세요.

(1) 시민 단체는 공정한 경제활동의 기준이 되는 법과 제도를 마련한다. ⋯⋯⋯⋯ (   )

(2) 우리나라에서 개인은 원하는 직업을 얻기 위해 다른 사람과 경쟁한다. ⋯⋯⋯ (   )

(3) 일부 회사끼리 서로 짜고 함께 가격을 올리는 것은 불공정한 경제활동이다. ⋯⋯ (   )

(4) 우리나라에서 기업은 어떤 물건이나 서비스를 생산하고 판매할지
자유롭게 결정할 수 있다. ⋯⋯⋯⋯⋯⋯⋯⋯⋯⋯⋯⋯⋯⋯⋯⋯⋯⋯⋯⋯⋯⋯⋯⋯⋯⋯ (   )

3 경제활동에 자유와 경쟁이 없을 때 생길 수 있는 결과로 알맞지 <u>않은</u> 것을 고르세요. (　　)

① 재림: 자기 소득을 자유롭게 사용할 수 없을 거야.

② 미주: 사람들이 원하는 직업을 선택하지 못하게 돼.

③ 유진: 기업은 원하는 물건과 서비스를 생산하지 못해.

④ 민지: 기업은 경쟁하지 않아도 되니까 더 좋은 품질의 물건을 생산할 거야.

⑤ 한길: 경쟁이 없다면 개인은 자신의 능력을 키우기 위해 노력하지 않을 수 있어.

4 이 글을 바탕으로 <보기>를 이해한 내용으로 알맞지 <u>않은</u> 것을 고르세요. (　　)

─────── 〈보기〉 ───────

"어쩐지 주차장 요금이 너무 비싸더라…"
공정 거래 위원회가 주차장 가격 담합 행위를 적발했어요!

**고속 열차가 개통된다는 소식에
주차 요금 올린 ○○역 주차장**

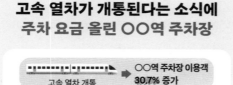

고속 열차 개통 ➡ ○○역 주차장 이용객
30.7% 증가

□□
주차장 　 △△
주차장 　 ◇◇
주차장

○○역의 주차 수요가 늘어나자
3개의 주차장 사업자들이
평균 이용 요금을 약 40% 인상하기로
가격 담합을 했어요.

**○○역 3개의 주차장 사업자,
공정 거래 위원회가 처벌했어요!**

구 「독점 규제 및 공정 거래에 관한 법률」 제19조 제1항 제1조 위반

위반 1
주차장 시장에서
중요한
경쟁 요소인
가격 경쟁을
차단했어요.

위반 2
약 40% 이상
가격을 인상하여
이용객에게
많은 부담을
안겼어요.

**2억 7,500만 원의
벌금 부과!**

(출처: 공정 거래 위원회 블로그)

• **공정 거래 위원회** 공정하고 자유로운 경쟁을 보장하는 일을 하는 정부 기관.
• **담합** 생산품이 비슷한 회사끼리 서로 짜고 생산량과 가격을 미리 결정해 시장에서 막대한 이익을 챙기는 행위.

① 우리나라 경제는 공정한 경제활동이 이루어지도록 적절한 규제를 한다.

② 정부는 공정 거래 위원회를 두어 불공정한 경제활동을 감시하고 규제한다.

③ 정부는 공정하지 않은 경제 행위에 대한 법률을 마련하고 이를 어겼을 때 처벌한다.

④ 〈보기〉에서 주차장 사업자들은 소비자를 속이는 거짓·과장 광고를 하여 처벌받았다.

⑤ 일부 회사끼리 서로 짜고 함께 가격을 올리는 가격 담합 행위는 불공정한 경제활동이다.

다음 구조도의 빈칸에 들어갈 알맞은 어휘를 쓰세요.

우리나라 경제의 특징

┌─────────────────────┐
│ [   ] 와 경쟁 │
├─────────────────────┤
│ 〈자유〉 │
│ – 개인: 직업 등을 자유롭게 선택함. │
│ – 기업: 생산과 판매 등을 자유롭게 결 │
│   정함. │
│ 〈경쟁〉 │
│ – 개인: 더 좋은 일자리 등을 얻으려고 │
│   경쟁함. │
│ – 기업: 더 많은 이윤을 얻으려고 경쟁함. │
└─────────────────────┘

┌─────────────────────┐
│ [   ] 한 경제활동을 위한 노력 │
├─────────────────────┤
│ – 불공정한 경제활동의 문제점: │
│   소비자가 피해를 입을 수 있고, 경제 │
│   질서가 혼란해질 수 있음. │
│ – 공정한 경제활동을 위한 노력: │
│   [   ] 와 시민 단체는 공정한 경 │
│   제활동이 이루어지도록 노력함. │
└─────────────────────┘

자유와 경쟁 속에서 이루어지는 경제활동이 개인에게는 어떤 도움이 되는지 쓰세요.

기업	개인	
더 좋은 물건이나 서비스를 개발해 보다 많은 이윤을 얻을 수 있습니다.	다양하고 질 좋은 물건과 서비스를 소비하여 만족을 얻을 수 있습니다.	- - - - - - - - - - - - - - - - - - - - - - - - - - - - - - - - - - - - - - - - - - - - - - - -

✦ 개념

▼ 그림으로 중요한 개념을 만나 보세요.

우리나라의 경제 성장 과정

1950년대까지 ▶ **1950년대 이후** ▶ **1960년대** ▶ **1970년대**

농업	소비재 산업	경공업	중화학 공업
	→ 소비재 산업: 설탕, 밀가루, 옷감과 같이 일상생활에 필요한 제품을 만드는 산업	→ 경공업: 가발, 옷, 신발 등 생산물의 무게가 적게 나가는 물건을 만드는 공업	→ 중화학 공업: 철강, 조선 등 무게가 무거운 물건을 만드는 중공업과 석유 화학 등 화학 공업

✦ 어휘

▼ 개념에서 살펴본 어휘를 문장의 빈칸에 써 보세요.

우리나라 경제는 1950년대까지 [　　] 중심이었어요.

1950년대 이후에는 [　　] **산업** 이 발달했어요.

1960년대에는 가발, 옷, 신발 등을 만드는 [　　] 이 발달했어요.

1970년대에는 철강, 조선, 석유 화학 등의 [　　] **공업** 이 발달했어요.

우리나라는 농업 중심에서 공업, 서비스업 중심 경제로
변화해 오며 지속적인 경제 성장을 이루었어요.

▶ **1980년대** ▶ **1990년대** ▶ **2000년대 이후** ▶ **지속적인 경제 성장**

자동차, 기계, 전자 산업

반도체, 정보 통신 산업

→ 반도체: 컴퓨터, 전자 제품, 통신 기기 등의 회로에 쓰이는 재료

첨단 산업, 서비스업

→ 첨단 산업: 고도의 지식과 기술을 바탕으로 하여 관련 산업에 미치는 효과가 큰 산업

1980년대에는 [　　　], **기계, 전자 산업**이 발달했어요.

1990년대에는 [　　　], **정보 통신 산업**이 발달했어요.

2000년대 이후에는 [　　] **산업, 서비스업**이 발달했어요.

우리나라는 1950년대 이후 지속적인 [　　　　]을 이루었어요.

우리나라의 경제는 어떻게 성장했을까요?

▼ 다음 글을 읽고 물음에 답하세요. (1~6)

핵심 개념

1950~60년대 경제 성장

❶ 우리나라는 오랫동안 농업 중심 국가였어요. 1950년대까지 농업에 종사하는 사람들의 비율이 매우 높았어요. 그러다 6·25 전쟁을 겪으면서 대부분의 산업 시설이 파괴되고 국토 전체가 폐허가 됐어요. 이에 국민과 정부는 경제를 되살리기 위해 노력했어요.

❷ 1950년대에 우리 정부는 농업 중심 경제를 공업 중심 경제로 변화시키려 했어요. 이 시기에는 산업을 키울 돈과 기술이 부족했기 때문에 외국에서 지원받은 원료로 밀가루, 설탕 등 생활에 필요한 물품을 만드는 소비재 산업이 발전하기 시작했어요. 1960년대 들어 정부는 경제 개발 5개년 계획을 세우고 수출로 경제 성장을 이루고자 했어요. 당시 우리나라는 자본과 기술이 부족했지만, 풍부한 노동력을 바탕으로 경공업을 발전시켰어요. 정부의 계획에 따라 많은 기업이 신발이나 옷, 가발과 같이 많은 노동력이 필요한 경공업 제품을 만들어 수출하면서 우리나라 경제는 빠르게 성장했어요.

1970~80년대 경제 성장

❸ 1970년대 들어 정부는 이전 시기의 경제적 성과를 바탕으로 중화학 공업을 적극적으로 성장시켰어요. 철강, 기계, 조선, 석유 화학 등의 중화학 공업은 많은 자본과 높은 기술력이 필요했기 때문에 정부가 주도하여 육성했으며, 원료 수입과 제품 수출에 유리한 항구를 중심으로 중화학 공업 단지를 조성하였어요. 1970년대 높은 경제 성장의 결과, 우리나라는 1977년에 수출액 100억 달러를 달성했지요. 1980년대에는 주로 텔레비전, 자동차, 전자 제품 등을 수출하며 높은 성장을 이어 갔어요. 우리나라는 점차 경공업보다 중화학 공업이 차지하는 비중이 커졌고, 수출액과 국민 소득도 급격히 늘어나 사람들의 생활 수준도 높아졌어요.

1990년대 이후 경제 성장

❹ 1990년대에는 반도체 산업과 컴퓨터 등 정보 통신 산업이 우리나라의 경제 성장을 이끌었어요. 1990년대 후반에는 전국에 초고속 정보 통신망이 설치되면서 인터넷 관련 기업이 많이 생겨났고, 정보 통신 기술의 영향으로 지식 정보 산업도 더욱 발전하게 되었어요. 2000년대 이후에는 생명 공학, 우주 항공, 로봇 산업 등 고도의 기술이 필요한 첨단 산업이 발달하고 있어요. 또한 관광, 의료 서비스, 문화 콘텐츠 등 다양한 서비스업도 발달해 우리 삶을 즐겁고 편리하게 해 주고 있어요.

우리나라 경제 성장의 성과

❺ 우리나라는 6·25 전쟁 이후 오늘날까지 지속적인 경제 성장을 이루었어요. 국민, 기업, 정부의 노력으로 농업 중심 경제에서 공업·서비스업 중심 경제로 변화해 왔으며, 그 결과 세계 주요 경제 국가로 발돋움하였고 국민 생활도 더욱 풍요로워졌어요.

낱말 풀이

• **경제 개발 5개년 계획** 우리 정부가 경제 발전을 위해 1962년부터 1981년까지 5년씩 나누어 추진한 경제 계획.
• **지식 정보 산업** 지식과 정보를 생산하고 유통하는 산업. 방송, 교육, 출판, 소프트웨어 개발 등이 있다.

1 문단별 중심 문장의 빈칸에 들어갈 알맞은 핵심 어휘를 찾아 √표 하세요.

우리나라의 경제는 어떻게 성장했을까요?

❶문단   우리나라는 1950년대까지 (   ) 중심 국가였다.

☐ 공업
☐ 농업

❷문단   1950년대에는 소비재 산업이 발전하기 시작했고, 1960년대에는 (   )이 발전했다.

☐ 경공업
☐ 중화학 공업

❸문단   1970년대에는 (   )을 육성했고, 1980년대에는 텔레비전, 자동차 등을 수출하며 성장했다.

☐ 중화학 공업
☐ 지식 정보 산업

❹문단   1990년대에는 반도체 산업과 정보 통신 산업이 경제 성장을 이끌었고, 2000년대 이후에는 (   )이 발달하고 있다.

☐ 경공업
☐ 첨단 산업

❺문단   우리나라는 지속적인 (   )을 이루었다.

☐ 경제 성장
☐ 원료 수입

2 이 글을 읽고 알 수 있는 내용으로 알맞은 것에는 ○표, 알맞지 않은 것에는 ×표 하세요.

(1) 1990년대에는 소비재 산업이 우리나라 경제 성장을 이끌었다. ────────── (   )

(2) 1970년대에는 자본과 기술력이 필요한 중화학 공업을 육성했다. ────────── (   )

(3) 1980년대 들어 정부는 농업 중심 경제를 공업 중심 경제로 변화시키려
했다. ──────────────────────────────── (   )

(4) 1960년대에 경공업이 발전했으나 수출이 이뤄지지 않아 경제가 성장하지
못했다. ─────────────────────────────── (   )

3 우리나라의 경제 성장 과정에서 주로 발달한 산업을 순서대로 알맞게 나열한 것을 고르세요.

(   )

 ㉠ 중화학 공업   ㉡ 경공업   ㉢ 전자 제품 산업   ㉣ 반도체 산업   ㉤ 첨단 산업   ㉥ 소비재 산업

① ㉠ - ㉢ - ㉡ - ㉥ - ㉤ - ㉣   ② ㉡ - ㉥ - ㉠ - ㉢ - ㉣ - ㉤

③ ㉡ - ㉥ - ㉢ - ㉠ - ㉣ - ㉤   ④ ㉥ - ㉡ - ㉠ - ㉢ - ㉣ - ㉤

⑤ ㉥ - ㉡ - ㉢ - ㉠ - ㉣ - ㉤

4 이 글과 <보기>를 바탕으로 할 때, 우리나라 경제 성장 모습으로 알맞지 **않은** 것을 고르세요.

(   )

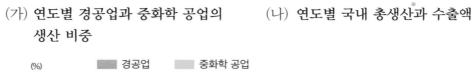

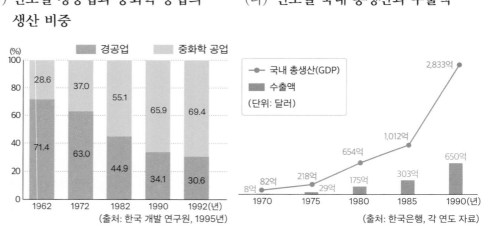

- **국내 총생산** 일정 기간에 한 나라에서 새로이 만들어 낸 모든 생산물의 가치를 합하여 화폐 단위로 나타낸 것.

① 우리나라는 1977년에 수출액 100억 달러를 달성하였다.

② 1970년부터 1990년까지 우리나라 국내 총생산과 수출액이 계속 증가하였다.

③ 1980년대에는 텔레비전, 자동차, 전자 제품 등을 많이 수출하며 높은 성장을 이어 갔다.

④ 1960년대에 자본과 기술력이 부족했으나 풍부한 노동력을 바탕으로 경공업을 발전시켰다.

⑤ 우리나라 산업 구조는 1970년대 초부터 경공업보다 중화학 공업이 차지하는 비중이 커졌다.

5 다음 구조도의 빈칸에 들어갈 알맞은 어휘를 쓰세요.

우리나라의 경제 성장 과정	
1950년대	소비재 산업 발달
1960년대	경제 개발 5개년 계획 수립, ☐☐☐ 발달
1970년대	정부 주도로 ☐☐☐ 공업 육성
1980년대	텔레비전, 자동차, 전자 제품 수출
1990년대	☐☐☐ 산업, 컴퓨터 등 정보 통신 산업 발달
2000년대 이후	첨단 산업과 다양한 서비스업 발달

6 경제가 성장하면서 우리나라의 중심 산업이 어떻게 변화했는지 쓰세요.

우리나라는 1950년대까지 매우 가난한 나라였단다. 게다가 6·25 전쟁으로 국토 전체가 폐허가 되다시피 했지.

하지만 우리나라는 국민, 기업, 정부가 힘을 합해 세계가 놀랄 정도로 눈부신 경제 성장을 이루어 냈어. 그 과정에서 주요 산업도 많이 바뀌었지.

맞아요. 우리나라는 농업 중심 경제에서 _____

변화해 왔어요. 오늘날 우리나라는 세계 주요 경제 국가로 발돋움했지요.

04 경제 성장에 따라 우리 사회는 어떻게 변화했을까요?

정답과 해설 11쪽

✦ 개념

▼ 그림으로 중요한 개념을 만나 보세요.

경제 성장에 따른 사회 변화

도시 발달	교통과 통신 발달	생활 수준 향상	학교생활의 변화

도시에 여러 시설이 들어서고 도시 인구가 늘어남	교통수단과 통신 수단이 발달하여 삶이 편리해짐	소득 증가로 생활 수준이 높아짐	학급당 학생 수가 줄고 수업 환경이 좋아짐

✦ 어휘

▼ 개념에서 살펴본 어휘를 문장의 빈칸에 써 보세요.

경제 성장으로 ☐☐ 가 발달하고 도시 인구가 늘어났어요.

빠르고 편리한 ☐☐ 수단과 ☐☐ 수단을 이용하게 되어 삶이 편리해졌어요.

소득이 늘면서 국민의 ☐☐☐☐ 이 향상되었어요.

학급당 학생 수가 줄고 수업 환경이 좋아지는 등 ☐☐ 생활이 달라졌어요.

우리 사회는 경제 성장으로 풍족하고 편리한 생활을 누리게 됐지만
경제 성장에 따른 문제도 나타났어요.

경제 성장에 따른 문제

| 촌락 문제 | 환경 문제 | 빈부 격차 문제 | 노사 갈등 문제 |

| 촌락의 일손이 부족해짐 | 무분별한 개발로 환경이 오염됨 | 사람들 간에 소득 차이가 커짐 | 노동자와 사용자의 대립이 커짐 |

경제 성장으로 인해 촌락에서는 일손 부족 등 [　　] 문제가 나타났어요.

무분별한 개발로 [　　] 문제가 나타났어요.

사람들 간에 소득 차이가 커지는 [　　　] 문제가 나타났어요.

노동자와 사용자가 대립하는 [　　　] 문제가 나타났어요.

경제 성장에 따라 우리 사회는 어떻게 변화했을까요?

▼ 다음 글을 읽고 물음에 답하세요. (1~6)

핵심 개념

우리나라의
경제 성장

❶ 우리나라는 짧은 기간에 빠른 경제 성장을 이루어 냈어요. 1950년대까지만 해도 매우 가난했던 우리나라는 일제 강점기와 6·25 전쟁과 같은 어려운 여건을 극복하고 세계가 놀랄 정도의 경제 성장을 이루었지요.

경제 성장에 따른
사회 변화

❷ 우리나라 경제가 크게 성장하면서 사회에도 많은 변화가 생겨났어요. 공업과 서비스업의 발달로 도시에 공장, 상점 등 다양한 시설이 들어서고, 도시로 사람들이 모여들면서 도시가 발달했어요. 도시가 발달하면서 교통과 통신도 발달했어요. 고속 도로가 건설되고 고속 철도가 개통되었으며, 인터넷과 스마트폰이 대중화되어 생활이 편리해졌어요. 경제 성장에 따른 소득 증가로 국민의 생활 수준도 전반적으로 높아졌어요. 각 가정에 텔레비전, 냉장고 등 가전제품이 보급되어 생활이 편리해졌고, 여가 활동 시간이 늘어나 다양한 여가 생활을 즐기는 등 생활이 풍족해졌어요. 학교 환경과 생활도 많이 달라졌어요. 경제 성장으로 학교 수가 늘면서 학급당 평균 학생 수가 줄어들었고, 학교 시설과 수업 환경도 좋아졌어요.

경제 성장에 따른
문제

❸ 이처럼 경제 성장으로 사람들은 편리하고 풍족한 생활을 하게 됐지만, 여러 가지 문제들도 나타났어요. 도시로 인구가 몰리면서 촌락에서는 일손이 부족해지는 등 촌락 문제가 나타났어요. 경제 성장 과정에서 산업이 발달하고 도시가 확대되면서 환경 문제도 심각해졌어요. 자연을 무분별하게 개발한 탓에 토양, 수질, 대기 오염이 심해졌고, 많은 자원을 소비하여 에너지 자원도 부족해졌어요. 또한 사람들 간에 소득 차이가 벌어지면서 빈부 격차 문제가 심해지고 있어요. 기업에서는 근무 환경, 임금 등의 문제로 노동자와 사용자 사이에 노사 갈등이 일어나기도 해요.

경제 성장에 따른
문제를 해결하기
위한 노력

❹ 경제 성장 과정에서 나타난 문제를 해결하기 위해 우리 사회는 여러 가지 노력을 기울이고 있어요. 먼저 촌락 문제를 해결하기 위해 도시와 촌락의 교류와 협력을 확대하고 지역 간 균형 개발을 위해 애쓰고 있어요. 또 환경 문제를 해결하려고 정부는 오염 물질 배출을 최소화하기 위한 법률을 만들고, 시민들은 에너지를 절약하고자 다양한 활동을 하고 있어요. 빈부 격차 문제 해결을 위해서는 정부에서 저소득층에게 생계비를 지원하는 등 경제적으로 어려움을 겪는 사람들을 위한 다양한 제도를 마련하고 있어요. 노사 갈등 문제를 해결하기 위해서 노동자와 사용자는 서로 대화와 타협으로 갈등을 해결하려고 노력하며, 정부는 노사 갈등을 중재하기 위해 노력해요.

낱말 풀이

• **빈부 격차** 가난한 사람과 부유한 사람의 경제적 차이.
• **노사** 노동자와 사용자. 돈을 받고 일을 하는 사람과 돈을 주고 일을 시키는 사람을 아울러 이르는 말.

1 문단별 중심 문장의 빈칸에 들어갈 알맞은 핵심 어휘를 찾아 √표 하세요.

> 경제 성장에 따라 우리 사회는 어떻게 변화했을까요?

❶ 문단　우리나라는 짧은 기간에 빠른 (　　　)을/를 이루어 냈다.
　□ 경제 성장
　□ 균형 개발

❷ 문단　경제가 성장하면서 (　　　) 발달, 교통과 통신 발달, 국민 생활 수준의 향상 등 많은 변화가 생겨났다.
　□ 도시
　□ 촌락

❸ 문단　경제 성장으로 인해 촌락 문제, 환경 문제, (　　　) 격차와 노사 갈등 문제가 일어났다.
　□ 빈부
　□ 자원

❹ 문단　경제 성장 과정에서 나타난 문제를 (　　　)하기 위해 우리 사회는 여러 가지 노력을 기울이고 있다.
　□ 해결
　□ 확대

2 이 글을 읽고 알 수 있는 내용으로 알맞은 것에는 ○표, 알맞지 않은 것에는 ✕표 하세요.

(1) 경제 성장에 따른 소득 증가로 국민의 생활 수준이 높아졌다. ──────── (　　　)

(2) 경제 성장으로 학교 수가 줄고 학교 시설과 수업 환경이 좋아졌다. ──────── (　　　)

(3) 정부는 노사 갈등을 중재하여 빈부 격차 문제를 해결하고자 노력한다. ──────── (　　　)

(4) 도시로 인구가 몰리면서 촌락에서는 일손이 부족해지는 문제가 나타났다. ──────── (　　　)

3 경제 성장에 따른 우리 사회의 변화된 모습으로 알맞은 것을 고르세요. ( )

① 많은 자원을 생산하면서 에너지 자원이 풍족해졌다.

② 노동자의 근무 환경이 좋아져 노사 갈등이 해소되었다.

③ 급속한 경제 성장으로 인해 촌락 문제, 환경 문제 등이 나타났다.

④ 소득 증가로 가난한 사람과 부유한 사람의 경제적 차이가 줄어들었다.

⑤ 교통과 통신이 발달하면서 도시와 떨어져 있는 촌락의 일손 부족 문제가 해결되었다.

4 이 글과 <보기>를 바탕으로 할 때, 경제 성장에 따른 우리 사회의 변화와 문제로 알맞지 <u>않은</u> 것을 고르세요. ( )

〈보기〉

(가) 연도별 도시 인구와 촌락 인구

(출처: 국토 교통부, 각 연도 자료)

(나) 도시와 촌락 간 소득 격차

6,616만 원

4,118만 원

도시 가구 소득   촌락 가구 소득

(출처: 통계청·한국 농촌 경제 연구원 / 2019년 기준)

　　우리나라는 경제가 성장하면서 도시 인구가 꾸준히 증가했습니다. 도시로 많은 사람이 모여들면서 교통 혼잡, 주택 부족, 쓰레기 문제, 환경 오염 등 다양한 도시 문제가 발생했습니다. 반면, 촌락은 인구가 급격히 줄면서 노동력이 부족해지는 문제가 발생했습니다. 게다가 촌락 가구 소득은 도시 가구 소득의 62% 수준(2019년 기준)이며, 도시와 촌락 간 소득 격차는 점점 벌어지고 있습니다.

① 1970년 이후 도시 인구가 촌락 인구보다 많아졌다.

② 도시 가구와 촌락 가구 간에 소득 격차가 벌어졌다.

③ 경제 성장과 함께 도시가 발달하면서 촌락 인구는 줄어들었다.

④ 도시가 발달하면서 촌락은 노동력이 부족해지는 문제가 나타났다.

⑤ 지역 간 균형 개발로 도시와 촌락 간 인구 및 소득 불균형 문제가 해결되었다.

5 다음 구조도의 빈칸에 들어갈 알맞은 어휘를 쓰세요.

우리나라의 경제 성장에 따른
사회 변화와 문제

사회 변화

– ☐ 발달: 도시에 시설과 인구
가 증가함.
– 교통과 통신 발달: 도로가 건설되고,
인터넷 등이 대중화됨.
– 국민 생활 수준 향상: 생활이 편리하
고 풍족해짐.
– 학교생활의 변화: 학급 당 평균 학생
수가 줄고 수업 환경이 개선됨.

문제 및 해결을 위한 노력

– 촌락 문제: 도시와 촌락의 교류와 협
력을 확대함.
– 환경 문제: 법률을 제정하고 에너지
를 절약함.
– ☐ 격차 문제: 생계비 지원
등 다양한 제도를 마련함.
– ☐ 갈등 문제: 정부가 갈등
을 중재함.

6 다음과 같은 정부의 노력은 어떤 문제를 해결하기 위한 것인지 쓰세요.

저소득층을 위해 생계비를 지원하는 등
경제적으로 어려움을 겪는 분들을 위한
다양한 제도가 마련되어 있습니다.

〈조건〉
1. 다음 뜻의 어휘를 넣어 쓰세요.
(○○ ○○: 가난한 사람과 부유한 사람의
경제적 차이)
2. '~ 해결하기 위한 노력입니다.'의 형식에
맞게 한 문장으로 쓰세요.

05 우리나라는 다른 나라와 어떻게 경제 교류를 하고 있을까요?

정답과 해설 12쪽

▼ 그림으로 중요한 개념을 만나 보세요.

나라 간 경제 교류

기술력 우수

○○나라

천연자원 부족

수출
다른 나라에 물건이나 서비스를 판다

무역
나라와 나라 사이에
물건이나 서비스를 사고판다

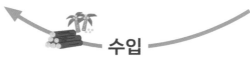

수입
다른 나라에서 물건이나 서비스를 사 온다

기술력 부족

△△나라

천연자원 풍부

▼ 개념에서 살펴본 어휘를 문장의 빈칸에 써 보세요.

나라와 나라 사이에는 **경제 교류**가 이루어져요.

나라와 나라 사이에 물건이나 서비스를 사고파는 일을 [   ]이라고 해요.

각 나라는 풍부한 자원이나 생산을 잘할 수 있는 물건을 다른 나라에 [   ]해요.

각 나라는 부족한 자원이나 생산하기 어려운 물건을 다른 나라에서 [   ]해요.

우리나라는 다른 나라와 상호 의존하거나 경쟁하며
경제 교류를 하고 있어요.

나라 간 경제 관계

상호 의존 관계

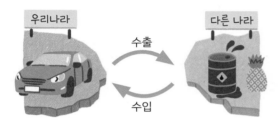

발전된 기술로 만든 물건을 수출하고
부족한 자원을 수입한다

경쟁 관계

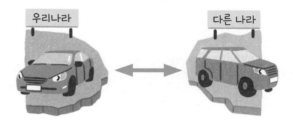

같은 종류의 물건을 만드는
다른 나라와 경쟁하기도 한다

우리나라는 다른 나라와 ☐☐ ☐☐ **관계**를 맺으며 교류해요.

우리나라의 발전된 기술로 만든 물건을 **수출**하고, 부족한 자원을 **수입**해요.

우리나라는 다른 나라와 **경쟁 관계**에 있기도 해요.

같은 종류의 물건을 만드는 다른 나라와는 ☐☐ 하며 교류해요.

우리나라는 다른 나라와 어떻게 경제 교류를 하고 있을까요?

▼ 다음 글을 읽고 물음에 답하세요. (1~6)

핵심 개념

나라 간의 경제 교류

① 우리는 생활 속에서 다른 나라에서 온 물건을 많이 접할 수 있어요. 다른 나라에서 자란 과일을 우리나라 시장에서 살 수 있고, 우리가 매일 입는 옷도 다른 나라에서 만든 제품인 경우가 많아요. 이처럼 일상생활에서 다른 나라 물건을 손쉽게 살 수 있는 것은 우리나라가 다른 나라와 활발하게 경제 교류를 하고 있기 때문이에요.

무역

② 나라와 나라 사이의 경제 교류는 수출과 수입을 통해 이루어져요. 우리나라에서 만든 것을 다른 나라에 파는 것을 수출, 다른 나라에서 만든 것을 우리나라로 사 오는 것을 수입이라고 해요. 이렇게 나라와 나라 사이에 물건이나 서비스를 사고파는 것을 무역이라고 해요.

나라 간에 경제 교류를 하는 까닭

③ 나라 간에 경제 교류를 하는 까닭은 나라마다 자연환경, 자원, 기술 등이 달라 더 잘 만들 수 있는 물건이나 서비스가 다르기 때문이에요. 각 나라는 더 잘 만들 수 있는 물건이나 서비스를 생산하고, 이를 교류하면서 서로 경제적 이득을 얻어요.

우리나라의 경제 교류 모습

④ 우리나라는 다른 나라와 어떻게 경제 교류를 하고 있을까요? 우리나라는 다른 나라에서 원료를 수입하고, 이를 국내에서 가공하여 만든 제품을 다시 수출하는 무역이 발달했어요. 우리나라는 우수한 기술력으로 만든 반도체, 자동차 등의 제품을 수출하고 우리나라에 없거나 부족한 원유, 천연가스 등의 천연자원을 주로 수입해요. 일상생활에서 사용하는 물건뿐만 아니라 기술, 문화 등 서비스 분야에서도 세계 여러 나라와 교류해요. 게임, 방송 등 문화 콘텐츠를 많이 수출하고 있으며, 다른 나라와 협약이나 협정을 체결하여 기술과 문화를 교류하기도 해요.

나라 간의 경제 관계

⑤ 이와 같이 우리나라는 다른 나라와 상호 의존 관계를 맺으며 경제적으로 교류하고 있어요. 우리나라의 발전된 기술로 만든 좋은 물건이나 서비스를 수출하고, 우리나라에 없거나 부족한 자원, 노동력 등을 수입하는 것이지요. 하지만 세계 시장에서 우리나라는 다른 나라와 서로 경쟁하기도 해요. 특히 같은 종류의 물건을 생산하는 나라들끼리는 새로운 기술, 더 낮은 가격 등을 내세워 서로 경쟁해요. 주로 신기술 개발이 중요한 컴퓨터, 휴대 전화, 자동차 시장의 경쟁이 치열해요. 이렇게 전 세계 기업과 경쟁하는 과정에서 기술 발전이 이루어져 새로운 상품이 개발되고 상품의 품질이 좋아지기도 한답니다.

낱말 풀이
• **협약** 국가와 국가 사이에 문서를 교환하여 계약을 맺음.
• **협정** 한 국가가 다른 국가와 약정(계약 등의 어떤 일을 약속하여 정함)을 맺음.

1 문단별 중심 문장의 빈칸에 들어갈 알맞은 핵심 어휘를 찾아 √표 하세요.

> 우리나라는 다른 나라와 어떻게 경제 교류를 하고 있을까요?

❶문단 우리나라는 다른 나라와 활발하게 (   )을/를 하고 있다.
☐ 일상생활
☐ 경제 교류

❷문단 나라와 나라 사이에 물건이나 서비스를 사고파는 것을 (   )이라고 한다.
☐ 무역
☐ 수출

❸문단 나라 간에 경제 교류를 하는 까닭은 나라마다 자연환경, 자원, 기술 등이 (   ) 더 잘 만들 수 있는 물건이나 서비스가 다르기 때문이다.
☐ 같아
☐ 달라

❹문단 우리나라는 반도체, 자동차 등의 제품을 수출하고, 원유, 천연가스 등의 천연자원을 주로 (   )한다.
☐ 생산
☐ 수입

❺문단 우리나라는 다른 나라와 상호 의존하거나, 서로 (   )하며 교류하고 있다.
☐ 경쟁
☐ 개발

2 이 글을 읽고 알 수 있는 내용으로 알맞은 것에는 ○표, 알맞지 않은 것에는 ✕표 하세요.

(1) 나라마다 더 잘 만들 수 있는 물건이나 서비스가 다르다. ┈┈┈┈ (   )

(2) 기술, 문화 등 서비스 분야에서도 나라 간 경제 교류가 이루어진다. ┈┈┈┈ (   )

(3) 다른 나라에서 만든 것을 우리나라로 사 오는 것을 수출이라고 한다. ┈┈┈┈ (   )

(4) 우리나라는 우수한 기술력으로 만든 반도체, 자동차 등을 주로 수출한다. ┈┈ (   )

3 나라 간 경제 교류에 대한 설명으로 알맞은 것을 고르세요.　　　　　　　　(　　)

① 각 나라는 자기 나라에 없거나 부족한 것을 수출한다.

② 나라와 나라 사이의 경제 교류는 수출과 수입을 통해 이루어진다.

③ 다른 나라와 경쟁하는 과정에서는 기술 발전이 이루어지기 어렵다.

④ 각 나라의 자연환경, 자원, 기술이 비슷할 때 경제 교류가 활발해진다.

⑤ 각 나라는 부족한 자원 등을 수출하고 더 잘 만들 수 있는 것을 수입하여 경제적 이득을 얻는다.

4 이 글을 바탕으로 할 때, <보기>의 ㉠~㉤ 중 알맞지 <u>않은</u> 설명을 고르세요.　　　　(　　)

───── 〈보기〉 ─────

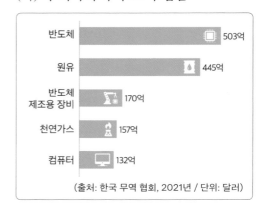

(가) 우리나라의 주요 수출품

반도체	992억
자동차	374억
석유 제품*	242억
선박 해양 구조물 및 부품	197억
합성수지	192억

(출처: 한국 무역 협회, 2021년 / 단위: 달러)

(나) 우리나라의 주요 수입품

반도체	503억
원유	445억
반도체 제조용 장비	170억
천연가스	157억
컴퓨터	132억

(출처: 한국 무역 협회, 2021년 / 단위: 달러)

• **석유 제품** 원유를 가공·처리하여 주로 등유, 경유, 중유 등의 연료 및 윤활유로 쓰도록 만들어 낸 제품.

　㉠우리나라는 다른 나라와 상호 의존하거나 경쟁하며 교류하고 있습니다. ㉡우리나라는 원유를 많이 수입하는 한편, ㉢석유 제품이 주요 수출품이기도 합니다. 원유를 가공하거나 처리하는 기술이 뛰어나서 다양한 석유 제품을 생산해 수출하기 때문입니다. 이를 통해 ㉣우리나라는 원료를 주로 수출하고, 기술력이 필요한 제품을 주로 수입하는 무역이 발달했음을 알 수 있습니다. 또한, ㉤반도체를 수출하기도 하고 수입하기도 합니다. 수출하는 반도체는 정보를 저장하는 메모리 반도체이고, 수입하는 반도체는 정보를 처리하는 비메모리 반도체입니다.

① ㉠　　　② ㉡　　　③ ㉢　　　④ ㉣　　　⑤ ㉤

5 다음 구조도의 빈칸에 들어갈 알맞은 어휘를 쓰세요.

```
                        경제 교류
            ┌──────────────┴──────────────┐
```

나라 간 경제 교류	나라 간 경제 관계
– [ ]: 나라와 나라 사이에 물건이나 서비스를 사고파는 것. – 수출: 우리나라에서 만든 것을 다른 나라에 파는 것. – [ ]: 다른 나라에서 만든 것을 우리나라로 사 오는 것.	– [ ][ ] 관계: 우리나라에 없거나 부족한 것을 수입하고 우리나라의 발전된 기술로 만든 것을 수출함. – 경쟁 관계: 같은 종류의 물건을 생산하는 나라끼리 경쟁함.

6 다음 사례를 보고, 나라 간에 경제 교류를 하는 까닭을 쓰세요.

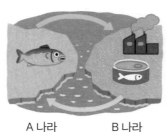

A 나라   B 나라

A 나라에서는 생선이 많이 잡힙니다. B 나라는 생선을 가공하여 통조림으로 만드는 기술이 뛰어납니다. 그래서 A 나라는 B 나라에 냉동 생선을 수출하고, B 나라는 A 나라에 생선 통조림을 수출하며 경제 교류를 합니다.

나라 간에 경제 교류를 하는 까닭은 _____

_____

✦ 개념

▼ 그림으로 중요한 개념을 만나 보세요.

경제 교류에 따른 긍정적 변화

개인 생활의 변화

다양한 물건을 살 수 있는
기회가 늘어남

해외 취업 등
경제활동 범위가 넓어짐

기업의 변화

다른 나라 기업과
기술을 교류함

다른 나라에 공장을 세워
물건을 생산함

✦ 어휘

▼ 개념에서 살펴본 어휘를 문장의 빈칸에 써 보세요.

경제 교류로 개인은 ☐☐ **물건**을 선택할 수 있게 됐어요.

해외 취업 등 개인의 ☐☐☐☐☐도 넓어졌어요.

경제 교류로 기업은 다른 나라 기업과 ☐☐을 **교류**하게 됐어요.

기업은 다른 나라에 ☐☐을 세워 물건을 생산할 수 있게 됐어요.

다른 나라와의 경제 교류로 긍정적 변화가 생겼지만
경제 교류에 따른 문제점도 있어요.

경제 교류에 따른 문제점

**자유로운 무역과
관련한 문제**

**자기 나라 경제 보호와
관련한 문제**

수입하는 물건의 종류와 양이 많아지면
경쟁력 낮은 산업과 기업이 어려움을 겪음

다른 나라가 수입을 거부하면
우리나라 수출이 감소함

우리나라 물건에
높은 관세를 부과하면
가격 경쟁력이 낮아짐

→ 관세: 다른 나라에서 수입하는
물건에 매기는 세금

경제 교류로 인해 생기는 **문제점**도 있어요.

자유로운 무역으로 인해 [　　　] **낮은 산업**과 기업이 어려움을 겪어요.

다른 나라가 **수입**을 [　　　] 하면 우리나라 수출이 감소해요.

다른 나라가 우리나라 물건에 높은 [　　　]를 **부과**하면 수출이 어려워져요.

경제 교류로 우리 경제생활은 어떻게 달라졌을까요?

▼ 다음 글을 읽고 물음에 답하세요. (1~6)

핵심 개념

경제 교류에 따른 개인 생활의 변화

❶ 우리나라는 세계 여러 나라와 활발하게 경제 교류를 하고 있어요. 그 결과 개인의 경제생활에 많은 변화가 나타났어요. 다른 나라의 다양한 물건을 선택할 수 있는 기회가 늘어났고, 외국 스포츠 경기를 실시간으로 즐기는 등 다른 나라의 서비스도 편리하게 소비할 수 있게 되었어요. 뿐만 아니라 개인의 경제활동 범위도 넓어졌어요. 다양한 외국 기업에서 일할 기회가 늘어났고, 해외여행을 떠나는 사람의 수도 많아졌어요.

경제 교류에 따른 기업의 변화

❷ 세계 여러 나라와의 경제 교류는 기업의 경제생활에도 변화를 불러왔어요. 기업은 다른 나라와 경제 교류를 하여 새로운 기술과 아이디어를 주고받을 수 있게 됐어요. 또 다른 나라에 공장을 세워 물건을 생산할 수도 있게 되었어요. 노동력이 풍부한 나라에 공장을 세우면 인건비를 아낄 수 있고, 물건을 주로 판매할 나라에 공장을 세우면 물건을 만들어 옮기는 비용을 줄일 수 있지요.

경제 교류에 따른 문제점

❸ 이와 같이 경제 교류는 경제생활에 긍정적 변화를 불러오지만, 여러 문제점을 낳기도 해요. 먼저, 자유로운 무역과 관련해서 발생하는 문제가 있어요. 예를 들어 외국 과일을 자유롭게 수입하다 보면 수입하는 과일의 종류와 양이 늘어나면서 우리나라 과일이 잘 팔리지 않을 수 있어요. 이처럼 자유로운 무역으로 수입하는 물건의 종류와 양이 많아지면 경쟁력이 낮은 산업이나 기업들은 어려움을 겪을 수 있어요.

❹ 자기 나라 경제 보호와 관련해서 발생하는 문제도 있어요. 각 나라는 무역을 하다가 불리한 일이 생기면 자기 나라 경제를 보호하려고 해요. 어떤 나라의 특정한 물건 수입을 일시적으로 거부하거나 제한하고, 다른 나라 제품에 관세를 높게 부과하기도 하지요. 높은 관세를 부과하면 제품 가격이 높아져 가격 경쟁력이 떨어지고 제품이 잘 팔리지 않게 되어 수출이 어려워져요. 이처럼 자기 나라 경제만을 보호하려 할 때 나라 간에 무역 갈등이 발생하게 돼요.

경제 교류에 따른 문제점의 해결 방안

❺ 각 나라는 경제 교류로 인한 문제점을 해결하기 위해서 다양한 노력을 기울이고 있어요. 무역을 일부 국가에 지나치게 의존할 경우 무역 상대국의 경제 상황에 따라 국가 경제가 어려움을 겪을 수 있기 때문에 경제 교류 상대국이나 품목을 확대하기 위해 노력해요. 또 경쟁력이 낮은 산업이나 기업이 경쟁력을 높일 수 있도록 품질을 개선하거나 새로운 기술을 개발하도록 지원하기도 하지요. 무역 갈등이 발생할 때는 국가 간 협상이나 국제기구의 조정을 통해 문제를 해결할 수 있어요.

낱말 풀이

• **인건비** 사람에게 일을 시키는 데 드는 비용.
• **가격 경쟁력** 상품 품질이 같다고 가정할 때 상품의 가격에 따라 경쟁력이 결정되는 것. 가격이 싸면 경쟁력이 높다.

1 문단별 중심 문장의 빈칸에 들어갈 알맞은 핵심 어휘를 찾아 √표 하세요.

> ### 경제 교류로 우리 경제생활은 어떻게 달라졌을까요?

❶문단 (   )(으)로 개인은 물건을 선택할 수 있는 기회가 늘어났고, 경제활동 범위도 넓어졌다.
- ☐ 경제 교류
- ☐ 무역 갈등

❷문단 경제 교류로 (   )은 새로운 기술을 주고받고 다른 나라에 공장을 세울 수 있게 되었다.
- ☐ 개인
- ☐ 기업

❸문단 경제 교류 과정에서 (   ) 무역과 관련해서 발생하는 문제가 있다.
- ☐ 보호하는
- ☐ 자유로운

❹문단 경제 교류 과정에서 자기 나라 경제 (   )와/과 관련해서 발생하는 문제가 있다.
- ☐ 보호
- ☐ 제한

❺문단 경제 교류로 생기는 문제점을 해결하기 위해 경제 교류 상대국이나 품목을 (   )하는 등 다양한 노력을 하고 있다.
- ☐ 축소
- ☐ 확대

---

2 이 글을 읽고 알 수 있는 내용으로 알맞은 것에는 ○표, 알맞지 않은 것에는 ×표 하세요.

(1) 각 나라는 자기 나라 경제를 보호하려고 수입을 거부하기도 한다. ┈┈┈┈ (   )

(2) 다른 나라와의 경제 교류로 경쟁력이 낮은 기업들은 어려움을
겪기도 한다. ┈┈┈┈ (   )

(3) 무역 갈등이 발생할 때는 국가 간 협상이나 국제기구의 조정을 통해
문제를 해결할 수 있다. ┈┈┈┈ (   )

(4) 다른 나라가 우리나라 제품에 높은 관세를 부과하면 제품이 잘 팔리게
되어 수출에 도움이 된다. ┈┈┈┈ (   )

3 다른 나라와의 경제 교류에 따른 긍정적 변화로 알맞지 <u>않은</u> 것을 고르세요.　　　（　　）

① 개인은 해외 취업과 해외여행의 기회가 늘어났다.

② 기업은 새로운 기술과 아이디어를 주고받을 수 있게 되었다.

③ 기업은 다른 나라에 공장을 세워 인건비를 줄일 수 있게 되었다.

④ 개인은 다른 나라의 다양한 물건을 선택할 수 있는 기회가 늘어났다.

⑤ 기업은 수입품의 종류가 다양해져 경쟁력이 낮은 기업이 도움을 받을 수 있게 되었다.

4 <보기>에서 나타난 경제 교류의 문제점과 해결 방안을 이야기한 것으로 알맞지 <u>않은</u> 것을 고르세요.　　　（　　）

〈보기〉

미국, 우리나라 기업 세탁기에 관세 폭탄

　　미국 기업 ○○은 우리나라 기업의 세탁기가 너무 저렴한 가격에 판매되고 있다며 높은 관세를 부과해 달라고 미국 정부에 요청하였다.

　　이에 미국 정부는 우리나라 기업 세탁기의 수출 물량이 120만 대를 넘는 경우 50% 관세를 부과하도록 하였다. 미국 정부의 이러한 조치에 대해 우리 정부는 세계 무역 기구(WTO)에 문제를 해결해 달라고 요청하였다. 또한 우리나라 가전제품의 최대 수출국인 미국의 이번 조치로 세탁기 수출이 크게 감소할 것으로 보고 대비 방안을 찾기로 했다.

　• **세계 무역 기구(WTO)** 나라 간 무역 갈등을 조정하는 국제기구.

① 미국이 자기 나라 경제를 보호하려고 하는군.

② 무역 갈등이 발생할 때는 국제기구를 통해 조정할 수 있구나.

③ 관세를 높이면 우리나라 세탁기 가격이 비싸져서 가격 경쟁력이 높아져.

④ 우리나라는 미국에 대한 가전제품의 수출 의존도가 높기 때문에 타격이 클 것 같아.

⑤ 이런 문제가 생길 수 있기 때문에 경제 교류 상대국을 확대하려는 노력이 필요한 거야.

5 다음 구조도의 빈칸에 들어갈 알맞은 어휘를 쓰세요.

```
┌─────────────────────────────┐
│      경제 교류와 경제생활       │
└─────────────────────────────┘
```

경제 교류에 따른 긍정적 변화	경제 교류에 따른 문제점
- 개인 생활의 변화: 　　□□□ 물건을 선택할 수 　있고, 경제활동 범위가 확대됨. - 기업의 변화: 　다른 나라와 □□ 을 교류함. 　다른 나라에 공장을 세워 비용을 줄임.	- 경제 교류에 따른 문제점: 　자유로운 무역 또는 자기 나라 경제 　□□ 로 인해 발생함. - 문제점의 해결 방안: 　경제 교류 상대국 및 품목을 확대함. 　품질 및 기술 개발을 지원함.

6 다음과 같은 경제 교류에 따른 문제점이 나타나는 원인과 해결 방안을 쓰세요.

경제 교류에 따른 문제점	(가) 우리 과일이 안 팔려요! 칠레산 포도	(나) 수입을 거부합니다!
원인	자유로운 무역으로 수입하는 물건의 종류와 양이 많아졌기 때문입니다.	
해결 방안		경제 교류 상대국 및 품목을 확대합니다.

▼ 다음 글을 읽고 물음에 답하세요. (1~3)

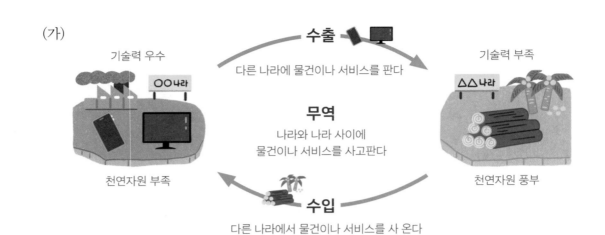

(나) 나라 간에 경제 교류를 하는 까닭은 (㉠). 각 나라는 더 잘 만들 수 있는 물건이나 서비스를 생산하고 이를 교류하면서 서로 경제적 이득을 얻어요.

1 (가)를 바탕으로 하여 (나)의 ㉠에 들어갈 알맞은 말을 고르세요.　　　　　　(　)

① 나라마다 자원은 같지만, 기술이 달라 더 잘 만들 수 있는 물건이 다르기 때문이에요

② 나라마다 자원은 다르지만, 기술은 같아 더 잘 만들 수 있는 물건이 다르기 때문이에요

③ 나라마다 자원, 기술 등이 달라 더 잘 만들 수 있는 물건이나 서비스가 같기 때문이에요

④ 나라마다 자원, 기술 등이 같아 더 잘 만들 수 있는 물건이나 서비스가 같기 때문이에요

⑤ 나라마다 자원, 기술 등이 달라 더 잘 만들 수 있는 물건이나 서비스가 다르기 때문이에요

2 (다)와 (라)를 바탕으로 하여 우리나라 산업과 수출의 변화로 알맞지 <u>않은</u> 것을 고르세요. (　)

① 중화학 공업의 수출 비중은 1960년대 이후 꾸준히 늘고 있다.

② 농업 등 제1차 산업의 수출 상품 비중은 1964년 이후로 크게 감소하였다.

③ 1990년대보다 2000년대 정보 통신 산업과 관련한 제품의 수출 비중이 높아졌다.

④ 1960년대에 풍부한 노동력을 바탕으로 제1차 산업이 발전하여 1970년도에 수출이 크게 늘었다.

⑤ 1970년대부터 중화학 공업을 육성하기 시작했고, 1990년도부터 중화학 공업의 수출 비중이 가장 높아졌다.

(다) 1960년대 당시 우리나라는 자본과 기술이 부족했지만 풍부한 노동력을 바탕으로 경공업을 발전시켰어요. 1970년대 들어 정부는 이전 시기의 경제적 성과를 바탕으로 중화학 공업을 적극적으로 성장시켰어요. 중화학 공업은 많은 자본과 높은 기술력이 필요했기 때문에 정부가 주도하여 육성했어요. 1980년대에는 주로 텔레비전, 자동차, 전자 제품 등을 수출하며 높은 성장을 이어 갔어요. 1990년대에는 반도체 산업과 컴퓨터 등 정보 통신 산업이 우리나라의 경제 성장을 이끌었어요. 우리나라는 농업 중심 경제에서 공업·서비스업 중심 경제로 변화해 왔어요.

(라) 주요 수출 상품 비중의 변화

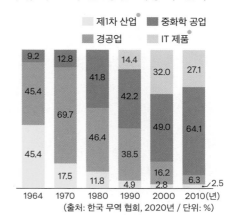

(출처: 한국 무역 협회, 2020년 / 단위: %)

- **제1차 산업** 농업, 수산업 등 자연환경을 직접 이용하여 필요한 물품을 얻거나 생산하는 산업.
- **IT 제품** 정보 통신 산업의 제품.

3 (가)~(라)를 바탕으로 하여 <보기>에서 알 수 있는 오늘날 우리나라의 경제 교류 특징으로 알맞지 **않은** 것을 고르세요. (   )

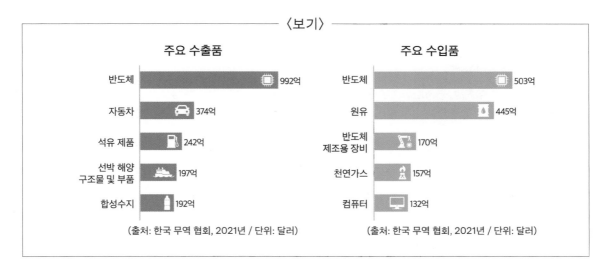

① 우수한 기술력을 바탕으로 한 수출품이 많다.

② 풍부한 노동력을 바탕으로 한 경공업이 발달했다.

③ 우리가 더 잘 만들 수 있는 반도체와 자동차, 석유 제품을 주로 수출한다.

④ 우리나라에 부족하거나 없는 원유나 천연가스 등과 같은 천연자원을 주로 수입한다.

⑤ 원유를 수입하고, 이를 국내에서 가공하여 만든 석유 제품을 다시 수출하는 무역이 발달했다.

▼ 문장의 빈칸에 들어갈 알맞은 어휘를 **보기** 에서 골라 쓰세요. (1~6)

01 경제활동에서 가계와 기업은 어떤 역할을 할까요?　**보기** **가계** / **만족감** / **이윤** / **회사**

(1) (　　　　　)은/는 노동력을 기업에 제공하여 소득을 얻고, 기업은 물건이나 서비스를 생산하여 시장에 공급한다.

(2) 기업은 적은 비용으로 큰 (　　　　　)을/를 얻을 수 있도록 합리적 선택을 해야 한다.

02 우리나라 경제의 특징은 무엇일까요?　**보기** **공정** / **불공정** / **자유와 경쟁** / **자유와 규제**

(1) 우리나라 경제의 특징은 (　　　　　)이다.

(2) 자유로운 경제활동은 우리 경제에 도움이 되지만, (　　　　　)한 경제활동은 여러 가지 문제를 낳는다.

03 우리나라의 경제는 어떻게 성장했을까요?　**보기** **경공업** / **농업** / **중화학 공업** / **지식 정보 산업**

(1) 1950년대에는 소비재 산업이 발전하기 시작했고, 1960년대에는 (　　　　　)이 발전하였다.

(2) 1970년대에는 (　　　　　)을 육성했고, 1980년대에는 텔레비전, 자동차 등을 수출하며 성장했다.

04 경제 성장에 따라 우리 사회는 어떻게 변화했을까요?　**보기** **도시** / **빈부** / **직업** / **촌락**

(1) 경제가 성장하면서 (　　　　　) 발달, 교통과 통신 발달, 국민 생활 수준의 향상 등 많은 변화가 생겨났다.

(2) 경제 성장으로 인해 촌락 문제, 환경 문제, (　　　　　) 격차와 노사 갈등 문제가 일어났다.

05 우리나라는 다른 나라와 어떻게 경제 교류를 하고 있을까요?　**보기** **무역** / **생산** / **수입** / **판매**

(1) 나라와 나라 사이에 물건이나 서비스를 사고파는 것을 (　　　　　)(이)라고 한다.

(2) 우리나라는 반도체, 자동차 등을 수출하고, 원유, 천연가스 등을 주로 (　　　　　)한다.

06 경제 교류로 우리 경제생활은 어떻게 달라졌을까요?　**보기** **다양한** / **보호** / **비싼** / **제한**

(1) 경제 교류로 개인은 (　　　　　) 물건을 선택할 수 있는 기회가 늘었다.

(2) 경제 교류 과정에서 자기 나라 경제를 (　　　　　)하기 위해 수입을 거부하거나 관세를 부과하기도 한다.

3 단원

세계의 여러 나라들

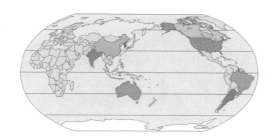

✦ 개념

▼ 그림으로 중요한 개념을 만나 보세요.

세계의 모습을 볼 수 있는 공간 자료

지구본

실제 지구의 모습을 본떠
작게 줄인 모형

세계 지도

둥근 지구를 일정한 비율로 줄여
평면에 나타낸 그림

디지털 영상 지도

위성 사진이나 항공 사진 등을
디지털 정보로 나타낸 지도

✦ 어휘

▼ 개념에서 살펴본 어휘를 문장의 빈칸에 써 보세요.

우리는 다양한 공간 자료로 **세계의 모습**을 볼 수 있어요.

_____ 은 실제 지구의 모습을 본떠 작게 줄인 모형이에요.

_____ 는 둥근 지구를 평면에 나타낸 그림이에요.

_____ 는 위성 사진 등을 디지털 정보로 나타낸 지도예요.

세계는 여러 개의 땅덩어리와 바다로 이루어져 있으며,
이를 각각 대륙과 대양이라고 해요.

세계의 대륙과 대양

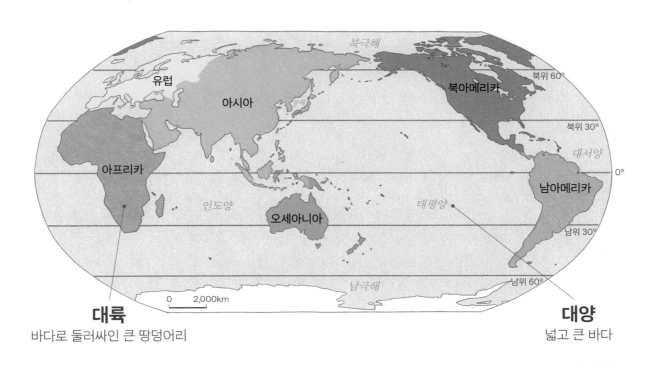

대륙
바다로 둘러싸인 큰 땅덩어리

대양
넓고 큰 바다

세계는 여러 개의 **땅덩어리**와 **바다**로 이루어져 있어요.

세계는 6개의 **대륙**과 5개의 **대양**으로 이루어져 있어요.

[   ]에는 아시아, 아프리카, 유럽, 오세아니아, 북아메리카, 남아메리카가 있어요.

[   ]에는 태평양, 대서양, 인도양, 북극해, 남극해가 있어요.

세계는 어떤 모습일까요?

▼ 다음 글을 읽고 물음에 답하세요. (1~6)

핵심 개념

**세계의 모습을
볼 수 있는
공간 자료**

❶ 우리가 사는 세계는 어떤 모습일까요? 우리는 지구본, 세계 지도, 디지털 영상 지도와 같은 공간 자료를 보고 세계 여러 나라의 위치, 영토 모양 등을 알 수 있어요. 지구본은 지구의 모습을 본떠 작게 줄인 모형으로, 생김새가 지구처럼 둥글어요. 지구의 실제 모습과 비슷하여 세계 여러 나라의 위치, 영토 모양, 지역 간 거리 등을 비교적 정확히 알 수 있지요. 하지만 전 세계의 모습을 한눈에 살펴보기 어려워요. 세계 지도는 둥근 지구를 일정한 비율로 줄여 평면에 나타낸 그림으로, 여러 나라의 위치를 한눈에 볼 수 있어 좋아요. 하지만 둥근 지구를 평면에 나타냈기 때문에 땅과 바다의 모양이나 크기가 실제와 다르게 표현되기도 해요. 디지털 영상 지도는 위성 사진이나 항공 사진 등을 디지털 정보로 나타낸 지도로, 확대나 축소가 자유롭고 어떤 나라나 장소에 관한 다양한 정보를 편리하게 찾을 수 있어요.

세계의 모습

❷ 이러한 공간 자료를 활용해 세계의 모습을 살펴보면, 지구는 땅과 바다로 이루어져 있음을 알 수 있어요. 지구에서 땅의 면적은 약 30%, 바다의 면적은 약 70%예요.

대륙

❸ 바다로 둘러싸인 큰 땅덩어리를 대륙이라고 해요. 대륙에는 아시아, 아프리카, 유럽, 오세아니아, 북아메리카, 남아메리카가 있어요. 각 대륙은 보통 큰 산맥이나 폭이 좁고 긴 모양의 땅 같은 지형지물로 구분해요. 하나의 대륙에는 크고 작은 여러 나라가 자리하고 있어요. 아시아는 가장 큰 대륙으로, 세계 육지 면적의 약 30%를 차지해요. 아프리카는 아시아 다음으로 큰 대륙으로, 북반구와 남반구에 걸쳐 있어요. 유럽은 아시아 대륙과 연결되어 있으며, 다른 대륙에 비해 면적은 좁지만 많은 나라가 모여 있어요. 오세아니아는 대륙 중에서 가장 작으며, 남반구에 있어요. 북아메리카는 북반구에 속하며, 북쪽의 그린란드까지 포함하고 북쪽은 북극해와 접해 있어요. 남아메리카는 대부분 남반구에 속해 있으며, 남쪽은 남극해와 접해 있어요.

대양

❹ 넓고 큰 바다는 대양이라고 하며, 대양에는 태평양, 대서양, 인도양, 북극해, 남극해가 있어요. 태평양은 가장 큰 바다로, 아시아, 오세아니아, 아메리카 대륙의 사이에 있어요. 대서양은 두 번째로 큰 바다로, 아메리카, 유럽, 아프리카 대륙의 사이에 위치해요. 인도양은 세 번째로 큰 바다로, 아프리카, 아시아, 오세아니아 대륙의 사이에 있어요. 북극해는 북극 주변의 바다로, 아시아, 유럽, 북아메리카 대륙에 둘러싸여 있어요. 남극해는 남극 대륙을 둘러싸고 있는 바다예요.

낱말 풀이

• **지형지물** 땅의 생김새와 땅 위에 있는 모든 물체를 이르는 말.
• **북반구** 적도를 기준으로 지구를 둘로 나눴을 때의 북쪽 부분.
• **남반구** 적도를 기준으로 지구를 둘로 나눴을 때의 남쪽 부분.

문단별 중심 문장의 빈칸에 들어갈 알맞은 핵심 어휘를 찾아 √표 하세요.

세계는 어떤 모습일까요?

❶문단 (   ), 세계 지도, 디지털 영상 지도와 같은 공간 자료를 보고 세계의 모습을 알 수 있다.

☐ 지구
☐ 지구본

❷문단 지구는 (   )와/과 바다로 이루어져 있다.

☐ 땅
☐ 나라

❸문단 (   )에는 아시아, 아프리카, 유럽, 오세아니아, 북아메리카, 남아메리카가 있다.

☐ 대륙
☐ 대양

❹문단 (   )에는 태평양, 대서양, 인도양, 북극해, 남극해가 있다.

☐ 대륙
☐ 대양

이 글을 읽고 알 수 있는 내용으로 알맞은 것에는 ○표, 알맞지 않은 것에는 ✕표 하세요.

(1) 태평양은 지구의 대양 중에서 가장 크다. ──────────────── (   )

(2) 아프리카는 아시아 다음으로 큰 대륙이다. ──────────────── (   )

(3) 지구에서 땅의 면적은 약 70%, 바다의 면적은 약 30%이다. ────── (   )

(4) 지구본은 둥근 지구를 일정한 비율로 줄여 평면에 나타낸 것이다. ── (   )

3 세계의 모습을 볼 수 있는 공간 자료에 대한 설명으로 알맞지 <u>않은</u> 것을 고르세요.　(　　)

① 지구본은 전 세계의 모습을 한눈에 보기 어렵다.

② 세계 지도는 세계 여러 나라의 위치와 영역을 한눈에 볼 수 있다.

③ 세계 지도에는 땅과 바다의 모양이나 크기가 실제와 같게 표현된다.

④ 지구본은 실제 지구의 모습을 본떠 작게 줄인 모형으로, 실제 지구처럼 둥글다.

⑤ 디지털 영상 지도는 확대나 축소가 자유롭고 어떤 나라에 대한 정보를 편리하게 찾을 수 있다.

4 이 글과 <보기>를 보고, 대륙과 대양에 대한 설명으로 알맞지 <u>않은</u> 것을 고르세요.　(　　)

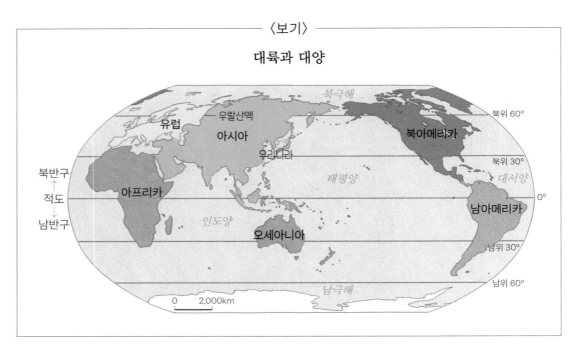

① 아프리카 대륙은 대부분 남반구에 속해 있다.

② 유럽 대륙은 우랄산맥을 경계로 아시아 대륙과 나뉜다.

③ 대서양은 아메리카, 유럽, 아프리카 대륙의 사이에 있다.

④ 가장 큰 대륙은 아시아이고, 가장 작은 대륙은 오세아니아이다.

⑤ 우리나라는 아시아 대륙에 속하며, 우리나라와 접해 있는 큰 바다는 태평양이다.

5 다음 구조도의 빈칸에 들어갈 알맞은 어휘를 쓰세요.

세계의 모습

세계의 모습을 볼 수 있는 공간 자료	대륙과 [ ]
– [ ] : 실제 지구의 모습을 본떠 작게 줄인 모형 – 세계 지도: 둥근 지구를 일정한 비율로 줄여 평면에 나타낸 그림 – 디지털 영상 지도: 위성 사진이나 항공 사진 등을 디지털 정보로 나타낸 지도	〈대륙〉 – 바다로 둘러싸인 큰 땅덩어리 – [ ] , 아프리카, 유럽, 오세아니아, 북아메리카, 남아메리카 〈대양〉 – 넓고 큰 바다 – 태평양, 대서양, 인도양, 북극해, 남극해

6 다음 대양 지도를 보고 (가), (나)의 이름과 (다)의 크기와 위치를 쓰세요.

	(가)	(나)	(다)
대양 지도			
이름	- - - - - - - - - - -	- - - - - - - - - - -	인도양
크기와 위치	가장 큰 바다로, 아시아, 오세아니아, 아메리카 대륙의 사이에 있습니다.	두 번째로 큰 바다로, 아메리카, 유럽, 아프리카 대륙의 사이에 있습니다.	- - - - - - - - - - - - - - - - - - - - - - - - - - - - - - - - - - - - - - - - - - - -

02 세계 여러 나라의 영토 면적과 모양은 어떻게 다를까요?

정답과 해설 16쪽

✦ 개념

▼ 그림으로 중요한 개념을 만나 보세요.

세계 여러 나라의 영토 면적

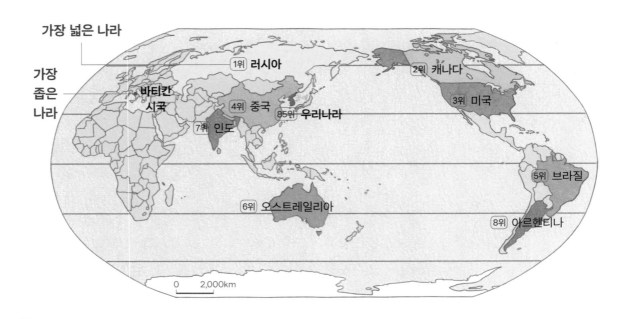

가장 넓은 나라

가장 좁은 나라

바티칸 시국

1위 러시아
2위 캐나다
3위 미국
4위 중국
85위 우리나라
7위 인도
5위 브라질
6위 오스트레일리아
8위 아르헨티나

0   2,000km

✦ 어휘

▼ 개념에서 살펴본 어휘를 문장의 빈칸에 써 보세요.

세계 여러 나라는 **영토 면적**이 달라요.

세계 여러 나라 중 ☐☐☐ 는 영토 면적이 가장 넓어요.

세계 여러 나라 중 ☐☐☐☐ 은 영토 면적이 가장 좁아요.

우리나라는 남북한을 포함한 영토 면적이 세계에서 85번째예요.

세계 여러 나라의 영토 모양과 특징

특이한 모양

남북으로 길게 뻗은 모양

칠레

사각형 모양

이집트

특징

바다로 둘러싸인 나라

뉴질랜드

육지와 바다에 맞닿은 나라

우리나라

세계 여러 나라는 **영토 모양**과 **특징**이 달라요.

□□□는 남북으로 길쭉하고, □□□□는 사각형 모양으로 생겼어요.

□□□□□는 바다로 둘러싸여 있어요.

우리나라는 육지에 연결되어 있으면서 바다에 접해 있어요.

세계 여러 나라의 영토 면적과 모양은 어떻게 다를까요?

▼ 다음 글을 읽고 물음에 답하세요. (1~6)

핵심 개념

**세계 여러 나라의
영토 면적과 모양**

① 세계에는 아시아, 아프리카, 유럽, 오세아니아, 북아메리카, 남아메리카 등의 대륙이 있고, 각 대륙에는 여러 나라가 속해 있어요. 세계 여러 나라는 영토 면적과 모양이 서로 달라요. 지구본, 세계 지도, 디지털 영상 지도를 보면 나라마다 영토 면적과 모양이 다르다는 것을 알 수 있지요.

**세계 여러 나라의
영토 면적**

② 세계 여러 나라는 영토 면적이 달라요. 세계에서 영토 면적이 가장 넓은 나라는 러시아예요. 러시아는 전 세계 육지 면적의 약 11.5%를 차지하고 있으며, 남북한을 포함한 우리나라 영토 면적의 약 78배에 달해요. 영토 면적이 가장 좁은 나라는 바티칸 시국으로, 그 면적은 우리나라의 경복궁보다 약간 큰 0.44㎢예요. 우리나라의 영토 면적은 남북한을 포함해서 약 22만 ㎢로, 세계에서 85번째예요. 남한만의 영토 면적은 약 10만 ㎢예요. 남북한을 포함한 우리나라의 영토 면적과 비슷한 나라로는 유럽 대륙의 영국, 아시아 대륙의 라오스, 남아메리카 대륙의 가이아나 등이 있어요.

**세계 여러 나라의
영토 모양과 특징**

③ 세계 여러 나라는 영토 모양과 위치적 특징도 다양하게 나타나요. 칠레나 노르웨이는 남북 방향으로 긴 모양이고, 러시아는 동서 방향으로 긴 모양이에요. 이집트나 수단의 영토 모양은 사각형 모양이고, 탄자니아는 둥근 모양이에요. 이탈리아나 타이처럼 사물이나 동물을 닮은 모양도 있어요. 이탈리아는 장화를 닮았고 타이는 코끼리를 닮았어요. 또, 아이슬란드처럼 해안선이 복잡한 나라도 있고 미국처럼 국경선이 반듯한 나라도 있어요. 이 밖에 몽골처럼 영토가 육지에 둘러싸여 바다와 접하지 않는 나라도 있고, 뉴질랜드나 일본처럼 영토가 모두 바다에 둘러싸인 나라도 있어요. 우리나라는 삼면이 바다이고 다른 면은 육지에 연결되어 있는데, 이탈리아도 이와 같아요.

**영토 면적과
모양에 따른 영향**

④ 나라의 영토 면적과 모양은 자연환경과 인문환경에 영향을 미쳐요. 영토 면적이 넓은 나라는 대체로 자원이 풍부하고 인구도 많아 나라의 발전에 유리한 편이에요. 반면 영토 면적이 좁은 나라는 대체로 자원이 적은 편이지만, 국가 통합에 유리할 수 있지요. 또, 영토 모양이 남북 방향으로 긴 나라는 다양한 기후가 나타나기도 하고, 영토 모양이 비교적 둥근 나라는 대체로 국가 통합과 방어에 유리해요. 우리나라처럼 바다와 육지에 맞닿은 나라는 대륙과 해양 진출에 유리하며, 바다와 접하지 않은 나라는 해양 진출에 불리하고 주변 나라와의 관계가 매우 중요해요.

낱말 풀이

• **시국** 하나의 시(市)만으로 이루어진 나라.

1 문단별 중심 문장의 빈칸에 들어갈 알맞은 핵심 어휘를 찾아 √표 하세요.

> ### 세계 여러 나라의 영토 면적과 모양은 어떻게 다를까요?

❶문단 각 대륙에는 여러 나라가 속해 있으며, 세계 여러 나라의 ( )과 모양은 서로 다르다.

☐ 대양
☐ 영토 면적

❷문단 세계에서 영토 면적이 가장 넓은 나라는 ( )이고, 가장 좁은 나라는 바티칸 시국이다.

☐ 라오스
☐ 러시아

❸문단 세계 여러 나라는 ( )과 위치적 특징이 다양하게 나타난다.

☐ 영토 기준
☐ 영토 모양

❹문단 나라의 영토 면적과 모양은 자연환경과 ( )에 영향을 미친다.

☐ 기후
☐ 인문환경

2 이 글을 읽고 알 수 있는 내용으로 알맞은 것에는 ○표, 알맞지 않은 것에는 ×표 하세요.

(1) 세계에서 영토 면적이 가장 좁은 나라는 바티칸 시국이다. ┈┈┈┈ ( )

(2) 아이슬란드는 해안선이 복잡하고 미국은 국경선이 반듯하다. ┈┈┈ ( )

(3) 우리나라와 이탈리아는 육지에 둘러싸여 바다와 접하지 않는다. ┈┈┈ ( )

(4) 영토 면적이 좁거나 영토 모양이 비교적 둥근 나라는 대체로
국가 통합에 유리하다. ┈┈┈┈┈┈┈┈ ( )

3 세계 여러 나라의 영토 면적에 대한 설명으로 알맞은 것을 고르세요.　　　　　　(　　)

① 러시아의 영토 면적은 바티칸 시국의 약 78배이다.

② 러시아는 전 세계 육지 면적의 약 22%를 차지한다.

③ 바티칸 시국의 영토 면적은 우리나라의 경복궁보다 작다.

④ 우리나라의 영토 면적은 남북한을 포함해서 약 10만 ㎢이다.

⑤ 우리나라 영토 면적과 비슷한 나라로는 영국, 라오스, 가이아나 등이 있다.

4 <보기>의 ㉠~㉡ 나라의 영토 특징으로 알맞지 <u>않은</u> 것을 고르세요.　　　　　　(　　)

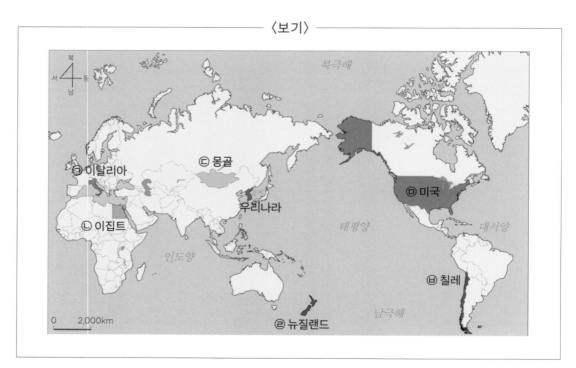

〈보기〉

① ㉠ '이탈리아'는 삼면이 바다이고 다른 면은 육지에 연결되어 있어 대륙 진출에 불리하다.

② ㉡ '이집트'는 영토 모양이 사각형 모양이고, ㉡ '칠레'는 영토 모양이 남북 방향으로 길다.

③ ㉢ '몽골'은 영토가 육지에 둘러싸여 있어 해양 진출에 불리하다.

④ ㉣ '뉴질랜드'처럼 바다에 둘러싸여 있는 나라로는 일본이 있다.

⑤ ㉤ '미국'은 영토 면적이 넓어 나라의 발전에 유리한 편이다.

5 다음 구조도의 빈칸에 들어갈 알맞은 어휘를 쓰세요.

세계 여러 나라의 영토

영토 면적

– 영토 면적이 가장 넓은 나라:

☐☐☐

– 영토 면적이 가장 좁은 나라:
바티칸 시국

– 우리나라의 영토 면적(남북한 포함):

세계에서 ☐☐번째이며,

영국 등과 면적이 비슷하다.

영토 모양과 특징

– 남북 방향으로 긴 모양: 칠레 등
– 사각형 모양: 이집트, 수단 등
– 육지에 둘러싸인 나라: 몽골 등
– ☐☐에 둘러싸인 나라: 일본,

뉴질랜드 등

– 삼면이 바다이고 다른 면은 육지에 연
결된 나라: 우리나라, 이탈리아 등

6 다음 지도를 보고 우리나라 영토의 위치적 특징을 쓰세요.

┌─── 〈조건〉 ───
1. 주어진 어휘를 모두 넣어 쓰세요.
(바다) (삼면) (연결) (육지)
2. 한 문장으로 쓰세요.

– 우리나라 영토 면적은 남북한을 포함하여 세계에서 85번째로 넓습니다.

–

✦ 개념

▼ 그림으로 중요한 개념을 만나 보세요.

세계의 기후 분포

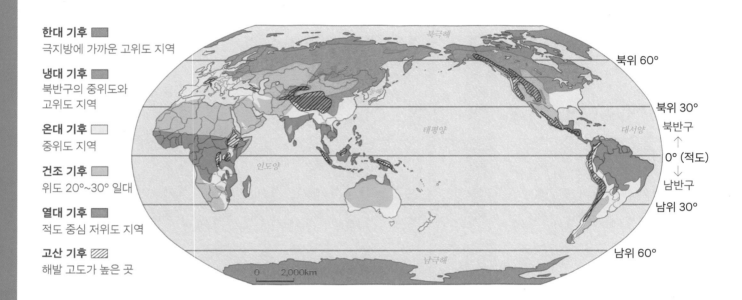

한대 기후 ▨
극지방에 가까운 고위도 지역

냉대 기후 ▨
북반구의 중위도와
고위도 지역

온대 기후 ▯
중위도 지역

건조 기후 ▨
위도 20°~30° 일대

열대 기후 ▨
적도 중심 저위도 지역

고산 기후 ▨
해발 고도가 높은 곳

✦ 어휘

▼ 개념에서 살펴본 어휘를 문장의 빈칸에 써 보세요.

세계의 기후는 위도 등에 따라 다르게 나타나요.

적도 중심 저위도 지역에 [ ] 기후가, 위도 20°~30° 일대에 [ ] 기후가 나타나요.

중위도 지역에 [ ] 기후가, 북반구의 중위도와 고위도 지역에 [ ] 기후가 나타나요.

극지방에 가까운 고위도 지역에 [ ] 기후가, 해발 고도가 높은 곳에 [ ] 기후가 나타나요.

기온이나 강수량의 특징이 다른 다양한 기후가
지역마다 다르게 나타나요.

세계의 기후 특징

열대 기후	건조 기후	온대 기후	냉대 기후	한대 기후	고산 기후

일 년 내내 덥고 비가 많이 온다	비가 거의 오지 않는다	사계절이 뚜렷하다	겨울이 춥고 길다	일 년 내내 매우 춥다	서늘한 날씨가 이어진다

세계의 기후는 기온이나 강수량의 특징에 따라 나뉘어요.

　　　기후는 일 년 내내 덥고, 　　　기후는 비가 거의 오지 않아요.

　　　기후는 사계절이 뚜렷하고, 　　　기후는 겨울이 춥고 길어요.

　　　기후는 일 년 내내 매우 춥고, 　　　기후는 서늘한 날씨가 이어져요.

세계 여러 지역의 기후는 어떻게 나타날까요?

▼ 다음 글을 읽고 물음에 답하세요. (1~6)

핵심 개념

세계의 기후

❶ 한 지역에서 여러 해에 걸쳐 일정하게 나타나는 평균적인 날씨를 기후라고 해요. 세계의 기후는 지역마다 다양하게 나타나는데, 지역마다 위도, 지형, 해발 고도 등이 다르기 때문이에요. 기후 분포는 그중에서도 위도의 영향을 많이 받아요.

세계의 기후 분포

❷ 세계의 기후는 위도에 따라 어떻게 분포할까요? 적도에서 극지방으로 갈수록 대체로 열대 기후, 건조 기후, 온대 기후, 냉대 기후, 한대 기후 순으로 나타나고, 그 밖에 높은 산지 지역에서는 고산 기후가 나타나기도 해요. 열대 기후는 햇볕을 가장 많이 받는 적도를 중심으로 저위도 지역에 널리 나타나요. 건조 기후는 남·북위 20°~30° 일대와 바다에서 멀리 떨어진 대륙 안쪽에 나타나요. 온대 기후는 남·북위 30°~60° 정도의 중위도 지역에 주로 나타나며, 냉대 기후는 북반구의 중위도와 고위도 지역에 널리 분포해요. 한대 기후는 햇볕을 가장 적게 받는 극지방을 중심으로 고위도 지역에 주로 나타나요. 고산 기후는 해발 고도가 높은 고산 지역에서 주로 나타나요.

기후의 구분 기준

❸ 이와 같이 분포하는 세계의 주요 기후는 각 지역의 기온과 강수량 등을 기준으로 하여 구분한 것이에요. 기후마다 나타나는 기온과 강수량의 특징을 알아볼까요?

세계의 기후 특징

❹ 세계의 기후는 적도에 가까울수록 대체로 기온이 높고 강수량이 많으며, 적도에서 극지방으로 갈수록 기온이 점차 낮아져요. 열대 기후는 계절의 변화가 거의 없이 일 년 내내 더운 날씨가 이어지고, 가장 추운 달의 평균 기온이 18℃ 이상이에요. 또 일 년 내내 비가 많이 내리는 곳도 있고, 건기와 우기가 나타나는 곳도 있어요. 건조 기후는 일 년 동안의 강수량을 모두 합쳐도 500㎜가 채 안 될 정도로 비가 적게 내려요. 또 강수량보다 증발량이 많은 편이며, 기온의 일교차가 커요. 온대 기후는 사계절이 뚜렷한 기후로 겨울은 길고 추운 반면, 여름은 짧고 비교적 따뜻해요. 온대 기후는 계절별로 기온과 강수량이 달라지고 지형 등의 영향으로 지역에 따라서도 다르게 나타나요. 냉대 기후도 온대 기후와 마찬가지로 사계절이 나타나지만 온대 기후보다 겨울이 몹시 춥고 길어요. 한대 기후는 일 년 내내 평균 기온이 매우 낮은 기후로, 가장 따뜻한 달의 평균 기온이 10℃ 미만일 정도로 매우 추워요. 고산 기후는 해발 고도가 높고 기온이 낮아 서늘한 날씨가 이어져요. 하지만 적도 부근의 고산 지대는 일 년 내내 우리나라 봄 날씨와 비슷한 온화한 기후가 나타나요.

낱말 풀이

• **위도** 지구 위의 위치를 가로로 나타내는 것. 적도를 중심으로 하여 남북으로 평행하게 그은 선이다.
• **해발 고도** 평균 해수면을 기준으로 하여 측정한 어떤 지점의 높이.
• **건기** 일 년 중 비가 적게 내려 기후가 건조한 시기.　　• **우기** 일 년 중 비가 많이 내리는 시기.
• **증발량** 일정한 시간 안에 물이 수증기로 변하는 양.　　• **일교차** 하루 동안 가장 높은 기온과 가장 낮은 기온의 차이.

1 문단별 중심 문장의 빈칸에 들어갈 알맞은 핵심 어휘를 찾아 √표 하세요.

세계 여러 지역의 기후는 어떻게 나타날까요?

❶문단 세계의 기후는 지역마다 다양하게 나타나며, 기후 분포는 ( )의 영향을 많이 받는다.
□ 날씨
□ 위도

❷문단 세계의 기후는 적도에서 극지방으로 갈수록 ( ), 건조 기후, 온대 기후, 냉대 기후, 한대 기후 순으로 나타난다.
□ 고산 기후
□ 열대 기후

❸문단 세계의 주요 기후는 각 지역의 ( ) 등을 기준으로 구분한 것이다.
□ 기온과 강수량
□ 지형과 해발 고도

❹문단 ( )에 가까울수록 대체로 기온이 높고, 적도에서 극지방으로 갈수록 기온이 점차 낮아진다.
□ 적도
□ 극지방

2 이 글을 읽고 알 수 있는 내용으로 알맞은 것에는 ○표, 알맞지 않은 것에는 ×표 하세요.

(1) 한대 기후는 햇볕을 가장 적게 받는 저위도 지역에 주로 나타난다. ·················· ( )

(2) 지역마다 위도, 지형, 해발 고도 등이 달라서 기후가 다양하게 나타난다. ··········· ( )

(3) 남·북위 30°~60° 정도의 중위도 지역에는 주로 온대 기후가 나타난다. ········· ( )

(4) 열대 기후는 계절의 변화가 거의 없이 일 년 내내 더운 날씨가 계속된다. ····· ( )

3 위도에 따른 기후 분포에 대한 설명으로 알맞지 <u>않은</u> 것을 고르세요. （　　　）

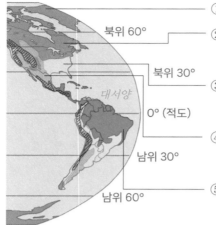

① 한대 기후: 고위도 지역과 극지방에 주로 나타난다.

② 냉대 기후: 남반구의 중위도와 고위도 지역에 주로 나타난다.

③ 온대 기후: 남·북위 30°~60° 정도의 중위도 지역에 주로 나타난다.

④ 건조 기후: 남·북위 20°~30° 일대와 바다에서 멀리 떨어진 대륙 안쪽에 나타난다.

⑤ 열대 기후: 적도를 중심으로 한 저위도 지역에 주로 나타난다.

4 이 글과 <보기>를 읽고, 지역에 따라 다른 기후 특징으로 알맞지 <u>않은</u> 것을 고르세요. （　　　）

〈보기〉

(가) 위도에 따른 태양 에너지의 양

　지구는 둥글기 때문에 위도에 따라 햇볕을 받는 양이 다릅니다.

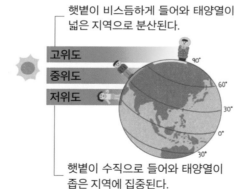

(나) '야쿠츠크'와 '벨렝'의 기후

　러시아의 야쿠츠크는 북위 62°에 위치해 있으며, 냉대 기후에 속합니다. 야쿠츠크는 사계절이 나타나지만 겨울이 몹시 길고 기온도 낮습니다.

　브라질의 벨렝은 남위 1°에 위치해 있으며, 열대 기후에 속합니다. 벨렝은 일 년 내내 기온이 높고, 비가 많이 내립니다.

① 위도에 따라 지역마다 받는 태양열의 양이 다르다.

② 고위도 지역에 있는 야쿠츠크는 겨울이 몹시 길고 춥다.

③ 저위도 지역에 있는 벨렝은 일 년 내내 덥고, 강수량이 많다.

④ 저위도 지역에서 고위도 지역으로 갈수록 태양열이 분산되어 기온이 낮아진다.

⑤ 야쿠츠크는 고위도 지역에 있어서 햇볕을 많이 받고, 벨렝은 저위도 지역에 있어서 햇볕을 적게 받는다.

다음 구조도의 빈칸에 들어갈 알맞은 어휘를 쓰세요.

```
                    세계의 다양한 기후
```

세계의 기후 분포	세계의 기후 특징
– 열대 기후: 적도 중심의 저위도 지역 – 건조 기후: 남·북위 20°~30° 일대 – 온대 기후: 남·북위 30°~60° 일대 – 냉대 기후: 북반구의 중위도와 고위도 지역 – ⬚⬚ 기후: 고위도 지역, 극지방 – 고산 기후: 해발 고도가 높은 곳	– 열대 기후: 일 년 내내 더운 날씨 – ⬚⬚ 기후: 적은 강수량 – 온대 기후: 뚜렷한 사계절 – 냉대 기후: 춥고 긴 겨울 – 한대 기후: 일 년 내내 추운 날씨 – ⬚⬚ 기후: 일 년 내내 서늘한 날씨

세계의 다양한 기후 중에서 내가 살아 보고 싶은 기후 한 가지를 고르고, 그 까닭을 기후의 특징과 관련하여 쓰세요.

열대 기후

건조 기후

온대 기후

냉대 기후

한대 기후

고산 기후

내가 살아 보고 싶은 기후	- - - - - - - - - - - - -
기후의 특징과 관련된 까닭	- -

✦ 개념

▼ 그림으로 중요한 개념을 만나 보세요.

기후에 따라 다른 생활 모습

열대 기후

열대 작물 재배

건조 기후

사막 지역   초원 지역

유목 생활

온대 기후

다양한 농업 발달

✦ 어휘

▼ 개념에서 살펴본 어휘를 문장의 빈칸에 써 보세요.

세계 여러 나라는 **기후**에 따라 생활 모습이 달라요.

| | | | 지역 사람들은 열대 작물을 재배해요.

| | | | 지역 사람들은 유목 생활을 해요.

| | | | 지역에는 벼농사, 포도 농사 등 다양한 농업이 발달했어요.

냉대 기후

침엽수림을 이용한 목재 산업 발달

한대 기후

사냥과 유목 생활

고산 기후

감자와 옥수수 재배

☐☐☐ 지역에는 침엽수림을 이용한 목재 산업이 발달했어요.

☐☐☐ 지역 사람들은 주로 사냥을 하며 유목 생활을 해요.

☐☐☐ 지역 사람들은 감자와 옥수수를 재배해요.

기후는 지역 사람들의 **생활 모습**에 큰 영향을 끼쳐요.

기후에 따라 생활 모습은 어떻게 다를까요?

핵심 개념

기후와 생활 모습

❶ 세계는 지역별로 다양한 기후가 나타나고, 사람들은 기후에 적응하며 살아가요. 그래서 세계 여러 지역 사람들의 생활 모습도 서로 달라요.

열대 기후

❷ 열대 기후 지역에는 일 년 내내 비가 많이 내려 밀림을 이루는 곳이 있고, 바람의 영향으로 짧은 건기가 나타나는 곳도 있으며, 건기와 우기가 번갈아 나타나 초원을 이루는 곳도 있어요. 열대 기후 지역에서는 전통적으로 화전 농업을 하여 얌, 카사바와 같은 뿌리채소와 옥수수 등을 재배했어요. 요즘에는 바나나, 커피, 카카오 등의 열대 작물을 대규모로 재배해요. 또 생태 관광 산업도 발달하고 있어요.

건조 기후와 온대 기후

❸ 건조 기후 지역에는 강수량이 적어 사막이 나타나는 곳도 있고, 사막보다 강수량이 약간 더 많아 짧은 풀이 자라는 초원도 있어요. 사막 지역에 사는 사람들은 물을 얻을 수 있는 강이나 오아시스 주변에서 밀, 대추야자 등을 재배해요. 반면 초원 지역에 사는 사람들은 가축에게 먹일 물과 풀을 찾아 이동하며 살아가는 유목 생활을 해요. 온대 기후 지역은 기온이 온화하고 강수량이 풍부해 다양한 농업이 발달했어요. 아시아에서는 주로 벼농사를 짓고, 유럽이나 아메리카에서는 밀을 주로 재배해요. 여름에 비가 적게 내리는 지중해 주변에서는 포도나 올리브 등을 많이 재배해요. 온대 기후 지역은 사람이 살기 좋아 인구가 많고 다양한 산업이 발달했어요.

냉대 기후와 한대 기후

❹ 냉대 기후 지역에서는 겨울이 몹시 춥고 길어서 농사를 짓기 어렵지만, 짧은 여름을 이용해 밀, 감자, 옥수수 등을 재배해요. 이 지역에는 잎이 뾰족하고 추위에 강한 침엽수림이 넓게 분포하여 임업과 펄프 산업이 발달했어요. 한대 기후 지역은 기온이 매우 낮고 대부분의 땅이 얼어 있어 농사를 짓기 어려워요. 그래서 전통적으로 사냥이나 고기잡이를 주로 해 왔고, 얼음이 녹는 짧은 여름에는 이끼나 풀을 찾아 이동하며 순록을 키우는 유목 생활을 했어요. 최근에는 이 지역의 석유와 천연가스 등 자원 개발이 활발하게 이뤄지고 있으며, 자연환경을 연구하기 위해 여러 나라에서 연구소나 기지를 세우고 있어요.

고산 기후

❺ 고산 기후 지역은 일 년 내내 날씨가 서늘해 사람이 거주하기 유리해서 일찍부터 도시가 발달했어요. 주민들은 낮은 기온에서도 잘 자라는 감자와 옥수수를 재배하고 라마와 알파카 같은 가축을 길러 고기와 털을 얻어요. 이처럼 나라마다 다른 기후는 사람들의 생활 모습에 큰 영향을 끼친답니다.

낱말 풀이

• **화전 농업** 밭을 만들려고 숲을 태우고 그 남은 재를 거름으로 써서 농작물을 기르는 농업 방식.
• **펄프** 통나무를 잘게 부수어 뽑아 낸 섬유 성분의 물질로, 종이 등을 만드는 데 사용됨.

1 문단별 중심 문장의 빈칸에 들어갈 알맞은 핵심 어휘를 찾아 √표 하세요.

기후에 따라 생활 모습은 어떻게 다를까요?

❶문단　세계는 지역별로 다양한 (　　　)가 나타나고, 사람들의 생활 모습도 서로 다르다.
☐ 건기
☐ 기후

❷문단　(　　　) 지역에서는 화전 농업, 열대 작물 재배, 생태 관광 산업이 발달했다.
☐ 열대 기후
☐ 온대 기후

❸문단　건조 기후 지역에서는 오아시스 주변의 농사나 유목 생활이, (　　　) 지역에서는 벼농사 등 다양한 농업이 발달했다.
☐ 한대 기후
☐ 온대 기후

❹문단　(　　　) 지역에는 임업과 펄프 산업이 발달했고, 한대 기후 지역에서는 오늘날 자원 개발이 활발하게 이루어지고 있다.
☐ 고산 기후
☐ 냉대 기후

❺문단　(　　　) 지역에서는 감자와 옥수수를 재배하거나 라마와 알파카 같은 가축을 길러 고기와 털을 얻는다.
☐ 고산 기후
☐ 냉대 기후

2 이 글을 읽고 알 수 있는 내용으로 알맞은 것에는 ○표, 알맞지 않은 것에는 ×표 하세요.

(1) 지중해 주변 온대 기후 지역에서는 포도나 올리브 등을 많이 재배한다. ·········· (　　　)

(2) 열대 기후 지역에는 밀림을 이루는 곳도 있고 초원을 이루는 곳도 있다. ······· (　　　)

(3) 건조 기후 지역은 사람이 살기 좋아 인구가 많고 다양한 산업이 발달했다. ─────────────────────────────────── (　　　)

(4) 한대 기후 지역에서는 농사를 짓기 어려워 사냥, 고기잡이, 유목 생활을 해 왔다. ────────────────────────── (　　　)

자세히
읽기

3 기후에 따라 주로 재배하는 작물을 알맞게 연결한 것을 고르세요.　　　　　　　　　　(　)

① 온대 기후 – 오아시스 주변에서 밀, 대추야자 등을 재배한다.

② 냉대 기후 – 짧은 여름 동안 밀, 감자, 옥수수 등을 재배한다.

③ 한대 기후 – 낮은 기온에서도 잘 자라는 감자와 옥수수를 재배한다.

④ 열대 기후 – 아시아에서는 벼농사, 유럽이나 아메리카에서는 밀 농사가 발달했다.

⑤ 건조 기후 – 화전 농업으로 얌, 카사바 등을 재배하고 바나나, 커피 등을 대규모로 재배한다.

깊이
읽기

4 <보기>의 ㉠~㉣에 들어갈 말이 알맞게 짝지어진 것을 고르세요.　　　　　　　　(　)

〈보기〉

기후에 따른 주거 생활 모습

**파푸아 뉴기니의
고상 가옥**

캐나다의 통나무집

몽골의 게르

(㉠) 지역에 있는 파푸아 뉴기니는 일 년 내내 덥고 비가 많이 내립니다. 그래서 땅에서 올라오는 열기와 습기, 벌레 등을 피하기 위해 집의 바닥을 땅에서 띄워 짓습니다.

캐나다는 겨울이 길고 추운 (㉡)입니다. 짧은 여름에 풀과 나무가 자라며, (㉢)이 발달했습니다. 그래서 주변에서 구하기 쉬운 나무로 통나무집을 짓습니다.

몽골 사람들은 이동식 천막집인 게르에서 삽니다. 몽골은 비가 적게 오는 건조 기후로, 초원이 발달하여 전통적으로 (㉣)을 하기 때문입니다.

	㉠	㉡	㉢	㉣
①	건조 기후 –	한대 기후 –	침엽수림 –	생태 관광
②	열대 기후 –	냉대 기후 –	침엽수림 –	유목 생활
③	열대 기후 –	한대 기후 –	열대 작물 –	화전 농업
④	열대 기후 –	한대 기후 –	침엽수림 –	유목 생활
⑤	온대 기후 –	냉대 기후 –	다양한 농업 –	유목 생활

5 다음 구조도의 빈칸에 들어갈 알맞은 어휘를 쓰세요.

기후에 따라 다른 생활 모습	
[　　] 기후	화전 농업, 열대 작물 재배, 생태 관광 산업 발달
건조 기후	강이나 오아시스 주변 농사(사막 지역), 유목 생활(초원 지역)
온대 기후	인구가 많고, 다양한 [　　]과 산업 발달
[　　] 기후	침엽수림이 넓게 분포하여 임업과 펄프 산업 발달
한대 기후	사냥, 고기잡이, [　　] 생활
[　　] 기후	감자와 옥수수 재배

6 다음과 같이 세계 여러 지역 사람들의 생활 모습이 다른 까닭을 쓰세요.

열대 기후 지역에서는
덥고 습한 지역에서 잘 자라는
열대 작물을 재배합니다.

한대 기후 지역에서는
농사를 짓기 어려워 순록을
키우며 유목 생활을 합니다.

고산 기후 지역에서는
낮은 기온에서도 잘 자라는
감자와 옥수수를 재배합니다.

〈조건〉

1. 주어진 어휘를 모두 넣어 쓰세요.
   (기후) (적응) (지역별)
2. '~ 때문입니다.'의 형식에 맞게
   한 문장으로 쓰세요.

- - - - - - - - - - - - - - - - - -

- - - - - - - - - - - - - - - - - -

- - - - - - - - - - - - - - - - - -

✦ 개념

▼ 그림으로 중요한 개념을 만나 보세요.

우리나라와 이웃한 나라

러시아
우리나라의 북쪽에 있음

중국
우리나라의 서쪽에 있음

일본
우리나라의 동쪽에 있음

✦ 어휘

▼ 개념에서 살펴본 어휘를 문장의 빈칸에 써 보세요.

러시아, 중국, 일본은 우리나라와 지리적으로 가까운 **이웃 나라**예요.

우리나라 북쪽에는 [ ] 가 있어요.

우리나라 서쪽에는 [ ] 이 있어요.

우리나라 동쪽에는 [ ] 이 있어요.

우리나라는 러시아, 중국, 일본과 이웃하고 있어요.

이웃 나라의 환경

러시아

세계에서 영토가 가장 넓고,
풍부한 천연자원을 수출함

중국

영토가 넓고
인구가 많음

일본

화산이 많은 섬나라로
제조업과 관광 산업이 발달함

이웃 나라의 **환경**은 우리나라와 많이 달라요.

러시아는 세계에서 [   ]가 가장 넓고 풍부한 천연자원을 수출해요.

중국은 영토가 넓고 [   ]가 많아요.

일본은 [   ]이 많은 섬나라로, 제조업과 관광 산업이 발달했어요.

우리나라는 어떤 나라와 이웃하고 있을까요?

▼ 다음 글을 읽고 물음에 답하세요. (1~6)

❶ 우리나라는 러시아, 중국, 일본과 국경을 마주하고 있어요. 북쪽으로는 러시아, 서쪽으로는 중국, 동쪽으로는 일본과 국경을 마주하고 있지요.

❷ 우리나라 북쪽에 있는 러시아는 영토의 면적이 세계에서 가장 넓어요. 영토가 동서로 길게 뻗어 있는데, 서부는 평원이 넓게 펼쳐져 있는 반면, 동부와 중앙에는 고원과 산지가 있어요. 위도가 높은 지역에 위치해 있어 남부 지역 일부를 제외하고는 주로 냉대 기후가 나타나 겨울이 길고 매우 추워요. 대부분의 인구는 넓은 평야가 펼쳐져 있는 서남부 지역에 밀집해 있어요. 러시아는 석유, 천연가스, 석탄 같은 천연자원이 풍부하여 세계 여러 나라에 수출하고 있어요.

❸ 우리나라 서쪽에 있는 중국은 영토의 면적이 세계에서 네 번째로 넓어요. 바다에 접하고 있는 동쪽은 넓은 평야와 대도시가 발달해 있고, 서쪽에는 산지와 고원, 사막이 있어요. 지역마다 열대, 건조, 온대, 냉대 등 다양한 기후가 나타나요. 중국은 인구가 약 14억 명으로, 인도와 함께 세계에서 인구가 가장 많은 나라로 손꼽혀요. 인구가 많은 만큼 다양한 문화를 가진 사람들이 살고 있지요. 또 노동력과 지하자원이 풍부하고, 농업, 제조업 등 여러 산업이 발달하여 세계 여러 나라와 교역하고 있어요.

❹ 우리나라 동쪽에 있는 일본은 네 개의 큰 섬과 3,000개가 넘은 작은 섬들로 이루어진 섬나라예요. 영토 대부분이 산지이며, 화산이 많고 지진이 자주 일어나요. 주로 온대 기후에 속해 있지만 영토가 남북으로 길어 남북의 기후 차이가 크게 나며, 바다의 영향으로 습하고 비와 눈이 많이 내려요. 도시는 평야가 많은 동부 해안가를 중심으로 발달했는데, 특히 원료 수입과 수출에 유리한 태평양 연안을 따라 공업 지역이 발달했어요. 온천, 화산 등 자연환경을 이용한 관광 산업도 발달했어요.

❺ 우리나라는 이웃 나라들과 다양한 분야에서 활발하게 교류하고 있어요. 이웃 나라 중에서도 중국, 일본과 지리적으로 가까울 뿐 아니라 오래전부터 활발하게 교류하였기 때문에 생활 모습이 비슷해요. 그러나 나라마다 자연환경, 역사적 배경 등을 바탕으로 고유한 문화를 이루었으므로 차이점도 많아요. 예를 들어 세 나라 모두 음식을 먹을 때 젓가락을 사용하지만, 젓가락 재료나 모양은 달라요. 한편 러시아는 우리나라, 중국, 일본과 지리적으로 가깝지만, 영토가 넓고 대부분의 인구가 유럽과 가까운 서부 지역에 모여 살기 때문에 유럽과 생활 모습이 비슷한 점이 많아요.

낱말 풀이 · **고원** 높은 데에 있는 넓은 벌판. · **연안** 바다, 강, 호수 등과 닿아 있는 땅.

1 문단별 중심 문장의 빈칸에 들어갈 알맞은 핵심 어휘를 찾아 √표 하세요.

> ### 우리나라는 어떤 나라와 이웃하고 있을까요?

❶문단 우리나라는 러시아, 중국, (   )과 국경을 마주하고 있다.

☐ 일본
☐ 태평양

❷문단 러시아는 (   )이 세계에서 가장 넓으며 천연자원이 풍부하다.

☐ 영토 면적
☐ 바다 면적

❸문단 중국은 (   )이/가 많으며 노동력과 지하자원이 풍부하다.

☐ 온천
☐ 인구

❹문단 일본은 섬나라로, (   )이 많고 지진이 자주 일어나며 공업과 관광 산업이 발달했다.

☐ 고원
☐ 화산

❺문단 우리나라는 (   ), 일본과 생활 모습이 비슷하지만 차이점도 많다.

☐ 중국
☐ 러시아

2 이 글을 읽고 알 수 있는 내용으로 알맞은 것에는 ○표, 알맞지 않은 것에는 ×표 하세요.

(1) 일본은 하나의 큰 섬으로 이루어진 섬나라이다. ⋯⋯⋯⋯⋯⋯⋯⋯⋯⋯⋯ (   )

(2) 우리나라의 동쪽에 중국이, 우리나라의 서쪽에 일본이 있다. ⋯⋯⋯⋯ (   )

(3) 중국은 바다에 접하고 있는 동쪽 지역에 대도시가 발달해 있다. ⋯⋯⋯ (   )

(4) 러시아는 우리나라와 지리적으로 가깝지만, 유럽의 생활 모습과
비슷한 점이 더 많다. ⋯⋯⋯⋯⋯⋯⋯⋯⋯⋯⋯⋯⋯⋯⋯⋯⋯⋯⋯⋯⋯⋯⋯⋯⋯ (   )

3 이웃 나라의 환경에 대해 정리한 내용으로 알맞지 <u>않은</u> 것을 고르세요. ( )

자연 환경		러시아	중국	일본
	지형	서부 평원	① 동쪽 평야, 서쪽 산지	섬나라
	기후	주로 냉대 기후	열대부터 냉대까지 다양한 기후	② 동서의 기후 차가 큰 온대 기후
인문 환경	도시와 인구	서남부 지역에 인구 밀집	③ 많은 인구	④ 동부 해안가 도시 발달
	산업	⑤ <u>천연자원 수출</u>	농업, 제조업 발달	공업, 관광 산업 발달

4 이 글과 <보기>를 보고, 우리나라와 이웃 나라의 교류 모습으로 알맞지 <u>않은</u> 것을 고르세요.

( )

〈보기〉

(가) 우리나라와 이웃 나라의 무역 현황

• 표시를 한 내용은 주요 무역 품목임

수출 (한국 → 이웃 나라)	수입 (이웃 나라 → 한국)
1위 중국 • 반도체, 석유 제품	1위 중국 • 반도체, 화학 원료
4위 일본 • 철강판, 섬유 제품	3위 일본 • 반도체 제조용 장비, 반도체
11위 러시아 • 자동차, 자동차 부품	8위 러시아 • 석유, 석탄, 천연가스

2019~2020년 우리나라의 총 수출액, 총 수입액 기준
(출처: 코트라 해외 시장 뉴스, 2021년)

(나) 우리나라 방문 관광객 비율

(출처: 한국 관광 공사, 2020년)

① 중국과 일본은 우리나라의 주요 수입국이자 수출국이다.

② 우리나라는 이웃 나라와 경제적으로 활발하게 교류하고 있다.

③ 관광을 목적으로 우리나라를 방문하는 중국과 일본 관광객이 많다.

④ 러시아는 우리나라와 지리적으로 가깝지만 교류가 이뤄지지 않고 있다.

⑤ 우리나라는 천연자원이 풍부한 러시아로부터 석유, 석탄, 천연가스 등을 수입하고 있다.

요약하여
쓰기

5 다음 구조도의 빈칸에 들어갈 알맞은 어휘를 쓰세요.

우리나라와 이웃한 나라

러시아	중국	일본
– 영토 면적 세계 1위 – 서부 평원, 동부와 중앙의 고원과 산지 – 주로 [　　] 기후	– 영토 면적 세계 4위 – 동쪽의 평야, 서쪽의 산지와 고원 및 사막 – 다양한 기후	– 섬나라 – 많은 화산과 잦은 [　　] – 온대 기후
– 서남부에 인구 밀집 – 풍부한 천연자원 수출	– 14억 명의 [　　] – 농업, 제조업 발달	– 동부 해안가에 도시 발달 – 공업, 관광 산업 발달

서술형
쓰기

6 다음 예에서 알 수 있는 우리나라, 중국, 일본의 생활 모습의 공통점과 그 까닭을 쓰세요.

우리나라는 절인 음식이 많아 국물이 스며들지 않는 금속 젓가락을 사용한다.

일본은 생선을 즐겨 먹어 끝이 뾰족한 나무젓가락을 사용한다.

중국은 기름에 튀긴 음식이 많아 뜨거운 것에 데지 않기 위해 긴 젓가락을 사용한다.

공통점: _	공통점이 나타나는 까닭: _
차이점: 젓가락 재료와 모양이 다릅니다.	**차이점이 나타나는 까닭:** 나라마다 자연환경, 역사적 배경 등을 바탕으로 고유한 문화를 이루었기 때문입니다.

✦ 개념

▼ 그림으로 중요한 개념을 만나 보세요.

우리나라와 관계 깊은 나라

사우디아라비아
우리나라의 주요 원유 수입국

베트남
우리나라 기업 진출, 인적 교류 활발

미국
우리나라의 주요 무역 상대국

✦ 어휘

▼ 개념에서 살펴본 어휘를 문장의 빈칸에 써 보세요.

사우디아라비아, 베트남, 미국은 우리나라와 **관계 깊은 나라**예요.

| | 는 우리나라의 주요 원유 수입국이에요.

| | 에는 우리나라 기업이 많이 진출해 있고, 인적 교류가 활발해요.

| | 은 우리나라의 주요 무역 상대국이에요.

우리나라는 사우디아라비아, 베트남, 미국 등과
거리는 멀지만 활발하게 교류하고 있어요.

관계 깊은 나라의 환경

사우디아라비아

국토 대부분이 사막이며
원유 생산량이 많음

베트남

노동력이 풍부하고
벼농사가 발달함

미국

자원이 풍부하고
다양한 산업이 발달함

우리나라와 **교류**하는 미국, 사우디아라비아, 베트남은 환경이 서로 달라요.

사우디아라비아는 국토 대부분이 사막이며, ☐☐☐ 가 많이 생산돼요.

베트남은 ☐☐☐ 이 풍부하고 벼농사가 발달했어요.

미국은 자원이 풍부하고 다양한 ☐☐☐ 이 발달했어요.

우리나라와 관계 깊은 나라는 어디일까요?

▼ 다음 글을 읽고 물음에 답하세요. (1~6)

핵심 개념

우리나라와 관계 깊은 나라

❶ 우리나라는 세계 여러 나라와 교류하며 관계를 맺고 있어요. 그중에서도 사우디아라비아, 베트남, 미국처럼 우리나라와 지리적으로 멀리 떨어져 있지만, 밀접한 관계를 맺고 있는 나라들이 있어요.

사우디아라비아

❷ 사우디아라비아는 우리나라의 주요 원유 수입국 중 하나예요. 원유 생산과 수출로 많은 발전을 이룬 나라이지요. 사우디아라비아는 국토의 대부분이 사막으로 이루어져 있어 사람이 살 수 있는 땅이 좁아요. 또한 날씨가 덥고 건조하기 때문에 사람들은 일부 도시나 오아시스를 중심으로 모여 살아요. 사우디아라비아는 세계에서 손꼽히는 원유 생산 국가예요. 원유가 거의 생산되지 않는 우리나라는 사우디아라비아에서 가장 많은 원유를 수입해요. 또 뛰어난 기술력을 가진 우리나라 기업들이 사우디아라비아에 진출하여 항만, 발전소, 도로 등의 건설에 참여하고 있어요.

베트남

❸ 베트남은 우리나라의 주요 수출입국 중 하나예요. 베트남은 주로 열대 기후가 나타나 일 년 내내 덥고 습한 편이에요. 연중 강수량이 풍부하고 국토의 남쪽과 북쪽에 평야가 있어 벼농사가 발달했어요. 쌀 생산량이 많아 쌀을 많이 수출할 뿐만 아니라 노동력도 풍부하여 섬유 산업 등 경공업이 발달했어요. 베트남은 1990년대 이후부터 우리나라와 활발하게 교류하고 있어요. 우리나라 기업들이 베트남 현지에 공장을 세워 진출하고 있으며, 인적 교류도 활발해서 일자리를 찾거나 결혼, 유학 등을 이유로 우리나라에 들어오는 베트남 사람들이 늘고 있어요.

미국

❹ 미국은 우리나라와 정치·경제·사회·문화적으로 긴밀한 나라예요. 영토 면적이 한반도의 약 44배로, 세계에서 세 번째로 넓어요. 미국은 지하자원과 에너지 자원이 풍부하고, 인구도 세계에서 세 번째로 많으며 다양한 인종과 민족으로 이루어져 있어요. 이러한 풍부한 자원과 노동력을 바탕으로 농업, 정보 기술, 자동차, 영화 등 다양한 산업이 발달했어요. 미국은 우리나라의 주요 무역 상대국으로, 자동차, 반도체 등을 사고팔아요. 우리나라에서 소비하는 밀과 옥수수는 대부분 미국에서 수입하고 있어요.

교류하는 까닭

❺ 이처럼 우리나라가 지리적으로 멀리 떨어진 나라들과도 밀접한 관계를 맺으며 교류하는 까닭은 무엇일까요? 나라마다 기후, 지형 등의 자연환경과 인구, 산업 등의 인문환경이 달라 서로 필요한 도움을 주고받을 수 있기 때문이에요. 오늘날에는 교통·통신 기술이 발달하면서 교류가 더 활발해지고 있어요.

낱말 풀이

• **항만** 바닷가가 굽어 들어가서 배 등이 안전하게 머물 수 있고, 화물 및 사람이 배에서 육지로 오르내리기에 편리한 곳.
• **인적 교류** 인적 자원(사람의 노동력을 자원의 하나로 이르는 말)을 서로 교환하거나 영향을 주고받는 것.

1 문단별 중심 문장의 빈칸에 들어갈 알맞은 핵심 어휘를 찾아 √표 하세요.

> ### 우리나라와 관계 깊은 나라는 어디일까요?

❶문단 우리나라는 미국, 사우디아라비아, 베트남과 (   )으로 멀리 떨어져 있지만 밀접한 관계를 맺고 있다.
- ☐ 문화적
- ☐ 지리적

❷문단 사우디아라비아는 우리나라의 주요 (   ) 수입국이다.
- ☐ 섬유
- ☐ 원유

❸문단 베트남은 우리나라의 주요 수출입국이며, (   )도 활발하다.
- ☐ 남북 교류
- ☐ 인적 교류

❹문단 미국은 우리나라와 정치·경제·사회·문화적으로 긴밀한 나라이며, 다양한 (   )이/가 발달했다.
- ☐ 산업
- ☐ 정치

❺문단 나라마다 자연환경과 인문환경이 다르기 때문에 지리적으로 멀리 떨어진 나라들과도 활발하게 (   )한다.
- ☐ 교류
- ☐ 교육

2 이 글을 읽고 알 수 있는 내용으로 알맞은 것에는 ○표, 알맞지 않은 것에는 ✕표 하세요.

(1) 우리나라는 사우디아라비아, 베트남, 미국과 이웃하고 있다. ⸻⸻ (   )

(2) 미국은 국토가 넓고 지하자원이 많지만, 노동력이 부족하다. ⸻⸻ (   )

(3) 우리나라는 사우디아라비아에서 가장 많은 원유를 수입한다. ⸻⸻ (   )

(4) 베트남은 연중 강수량이 많고 평야가 있어 벼농사가 발달했다. ⸻⸻ (   )

3 ㄱ~ㄷ에 들어갈 나라 이름이 알맞게 짝지어진 것을 고르세요. ( )

	환경	교류 모습
(㉠)	풍부한 자원, 다양한 산업 발달	자동차, 반도체 등을 사고파는 주요 무역 상대국
(㉡)	풍부한 쌀 생산량, 경공업 발달	우리나라 기업 진출, 인적 교류 활발
(㉢)	국토 대부분 사막, 원유 생산국	우리나라의 주요 원유 수입국

	㉠		㉡		㉢
①	미국	–	사우디아라비아	–	베트남
②	미국	–	베트남	–	사우디아라비아
③	베트남	–	미국	–	사우디아라비아
④	사우디아라비아	–	미국	–	베트남
⑤	사우디아라비아	–	베트남	–	미국

4 이 글과 <보기>를 보고, 나라 간 교류 모습으로 알맞지 <u>않은</u> 것을 고르세요. ( )

— 〈보기〉 —

우리나라와 세계 여러 나라의 교류 모습

우리나라는 사우디아라비아에서 원유를 수입하고, 자동차, 타이어 등을 수출한다.

우리나라는 미국에서 할리우드 영화를 수입하고, 미국은 우리나라 영화, 태권도 등을 받아들여 즐긴다.

우리나라는 나이지리아와 1980년에 국교를 수립하고, 이후 양국 정상이 만나 정치·경제 협력 방안을 논의했다.

브라질은 우리나라 음악, 드라마, 방송 콘텐츠의 주요 수출국이다. 우리나라는 브라질에서 철광석, 옥수수 등을 수입한다.

① 오늘날 교통과 통신의 발달로 세계 여러 나라와의 교류가 더욱 활발해지고 있다.

② 우리나라는 세계 여러 나라와 정치적, 경제적, 문화적 교류를 활발하게 하고 있다.

③ 우리나라와 사우디아라비아는 자원이나 발달한 산업이 비슷하기 때문에 교류한다.

④ 미국, 브라질 등 우리나라와 멀리 떨어진 나라에도 우리나라 문화가 전해지고 있다.

⑤ 우리나라는 아시아 외에도 아메리카, 아프리카 등 전 세계 여러 지역과 교류하고 있다.

다음 구조도의 빈칸에 들어갈 알맞은 어휘를 쓰세요.

```
                    ┌─────────────────────────┐
                    │   우리나라와 관계 깊은 나라   │
                    └─────────────────────────┘
```

사우디아라비아	베트남	미국
우리나라의 주요 원유 수입국	우리나라의 주요 수출입국	우리나라와 정치·경제·사회·문화적으로 긴밀한 나라
– 국토 대부분이 사막 – 덥고 건조한 기후 – 많은 ▢▢ 생산량	– 열대 기후 – 벼농사 발달, 쌀 수출 – ▢▢▢ 풍부, 경공업 발달	– 넓은 ▢▢ , 풍부한 자원 – 많은 인구, 다양한 인종 – 다양한 산업 발달

우리나라가 다음과 같이 지리적으로 멀리 떨어진 나라와 활발하게 교류하는 까닭을 쓰세요.

우리나라 밀 수입량에서 가장 많은 양을 차지하는 미국의 밀

우리나라 기업이 건설한 사우디아라비아의 내무성 본청 건물

─── 〈조건〉 ───
1. 주어진 어휘를 모두 넣어 쓰세요.
 (도움) (자연환경)
 (인문환경)
2. 한 문장으로 쓰세요.

▼ 다음 글을 읽고 물음에 답하세요. (1~3)

(가)　세계의 기후는 위도에 따라 어떻게 분포할까요? 적도에서 극지방으로 갈수록 대체로 열대 기후, 건조 기후, 온대 기후, 냉대 기후, 한대 기후 순으로 나타나고, 그 밖에 높은 산지 지역에서는 고산 기후가 나타나기도 해요. 열대 기후는 햇볕을 가장 많이 받는 적도를 중심으로 저위도 지역에 널리 나타나요. 건조 기후는 남·북위 20°~30° 일대와 바다에서 멀리 떨어진 대륙 안쪽에 나타나요. 온대 기후는 남·북위 30°~60° 정도의 중위도 지역에 주로 나타나며, 냉대 기후는 북반구의 중위도와 고위도 지역에 널리 분포해요. 한대 기후는 햇볕을 가장 적게 받는 극지방을 중심으로 고위도 지역에 주로 나타나요. 고산 기후는 해발 고도가 높은 고산 지역에서 주로 나타나요.

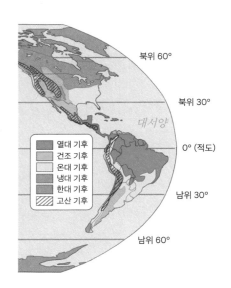

북위 60°
북위 30°
대서양
0° (적도)
남위 30°
남위 60°

열대 기후
건조 기후
온대 기후
냉대 기후
한대 기후
고산 기후

1 **(가)를 읽고, 세계의 기후 분포에 대한 설명으로 알맞지 않은 것을 고르세요.** (　　)

① 한대 기후는 해발 고도가 높은 곳에서 나타난다.
② 열대 기후는 적도를 중심으로 저위도 지역에 주로 나타난다.
③ 냉대 기후는 북반구의 중위도와 고위도 지역에 주로 나타난다.
④ 온대 기후는 남·북위 30°~60° 정도의 중위도 지역에 주로 나타난다.
⑤ 건조 기후는 남·북위 20°~30° 일대와 바다에서 멀리 떨어진 대륙 안쪽에 나타난다.

2 **(가)를 참고하여 (나)의 ㉠과 ㉡에 들어갈 말이 알맞게 짝지어진 것을 고르세요.** (　　)

① ㉠ – 북반구로 갈수록, ㉡ – 남반구로 갈수록
② ㉠ – 적도에 가까울수록, ㉡ – 극지방에서 멀수록
③ ㉠ – 극지방에 가까울수록, ㉡ – 적도에 가까울수록
④ ㉠ – 해발 고도가 높을수록, ㉡ – 해발 고도가 낮을수록
⑤ ㉠ – 적도에 가까울수록, ㉡ – 적도에서 극지방으로 갈수록

(나)　세계의 기후는 (㉠) 대체로 기온이 높고 강수량이 많으며, (㉡) 기온이 점차 낮아져요. 열대 기후는 계절의 변화가 거의 없이 일 년 내내 더운 날씨가 이어지고, 가장 추운 달의 평균 기온이 18℃ 이상이에요. 또 일 년 내내 비가 많이 내리는 곳도 있고 건기와 우기가 나타나는 곳도 있어요. 건조 기후는 일 년 동안의 강수량을 모두 합쳐도 500㎜가 채 안 될 정도로 비가 적게 내려요. 또 강수량보다 증발량이 많은 편이며, 기온의 일교차가 커요. 온대 기후는 사계절이 뚜렷한 기후로 겨울은 길고 추운 반면, 여름은 짧고 비교적 따뜻해요. 온대 기후는 계절별로 기온과 강수량이 달라지고 지형 등의 영향으로 지역에 따라서도 다르게 나타나요. 냉대 기후도 온대 기후와 마찬가지로 사계절이 나타나지만, 온대 기후보다 겨울이 몹시 춥고 길어요. 한대 기후는 일 년 내내 평균 기온이 매우 낮은 기후로, 가장 따뜻한 달의 평균 기온이 10℃ 미만으로 매우 추워요. 고산 기후는 해발 고도가 높고 기온이 낮아 서늘한 날씨가 이어져요. 하지만 적도 부근의 고산 지대는 일 년 내내 우리나라 봄 날씨와 비슷한 온화한 기후가 나타나요.

3 (나)를 읽고, <보기>와 같은 생활 모습이 나타나는 까닭으로 알맞은 것을 고르세요. (　　)

〈보기〉

　건조 기후의 초원 지역에 사는 사람들은 가축에게 먹일 물과 풀을 찾아 이동하며, 한대 기후 지역 사람들은 농사를 짓기 어려워 순록을 키우며 유목 생활을 합니다.

건조 기후의 초원 지역

한대 기후 지역

① 건조 기후는 평균 기온이 매우 낮고, 한대 기후는 물이 부족하기 때문이다.

② 건조 기후는 물이 부족하고, 한대 기후는 평균 기온이 매우 낮기 때문이다.

③ 건조 기후는 강수량이 부족하고, 한대 기후는 강수량이 풍부하기 때문이다.

④ 건조 기후는 평균 기온이 매우 낮고, 한대 기후는 평균 기온이 매우 높기 때문이다.

⑤ 건조 기후는 일 년 내내 비가 내리고, 한대 기후는 일 년 내내 평균 기온이 낮기 때문이다.

▼ 문장의 빈칸에 들어갈 알맞은 어휘를 보기 에서 골라 쓰세요. (1~6)

01 세계는 어떤 모습일까요 ?   보기 **나라 / 대륙 / 대양 / 지구**

(1) 바다로 둘러싸인 큰 땅덩어리인 (   )에는 아시아, 아프리카, 유럽, 오세아니아, 북아메리카, 남아메리카가 있다.

(2) 넓고 큰 바다인 (   )에는 태평양, 대서양, 인도양, 북극해, 남극해가 있다.

02 세계 여러 나라의 영토 면적과 모양은 어떻게 다를까요?   보기 **러시아 / 몽골 / 이집트 / 이탈리아**

(1) 세계에서 영토 면적이 가장 넓은 나라는 (   )이다.

(2) 우리나라와 (   )은/는 삼면이 바다이고 다른 면은 육지에 연결되어 있다.

03 세계 여러 지역의 기후는 어떻게 나타날까요?   보기 **고산 기후 / 대륙 / 열대 기후 / 위도**

(1) 기후는 지역마다 다양하게 나타나며, 기후 분포는 (   )의 영향을 많이 받는다.

(2) 세계의 기후는 적도 지방에서 극지방으로 갈수록 (   ), 건조 기후, 온대 기후, 냉대 기후, 한대 기후 순으로 나타난다.

04 기후에 따라 생활 모습은 어떻게 다를까요?   보기 **고산 / 냉대 기후 / 사막 / 한대 기후**

(1) 열대 기후 지역에서는 화전 농업이, (   ) 지역에서는 임업과 펄프 산업이 발달했다.

(2) 건조 기후의 (   ) 지역 사람들은 오아시스 주변에 모여 살고, 초원 지역 사람들은 유목 생활을 한다.

05 우리나라는 어떤 나라와 이웃하고 있을까요?   보기 **러시아 / 미국 / 일본 / 중국**

(1) 우리나라와 이웃한 나라인 (   )은/는 인구가 매우 많고 노동력이 풍부하다.

(2) 우리나라와 이웃한 나라인 (   )은/는 화산이 많고 지진이 자주 일어나며 공업과 관광 산업이 발달했다.

06 우리나라와 관계 깊은 나라는 어디일까요?   보기 **미국 / 베트남 / 사우디아라비아 / 일본**

(1) (   )은/는 원유 생산과 수출로 많은 발전을 이룬 나라로, 우리나라의 주요 원유 수입국이다.

(2) (   )은/는 벼농사와 경공업이 발달한 나라로, 우리나라와 인적 교류도 활발하다.

4 단원

한반도와 지구촌

✦ 개념

▼ 그림으로 중요한 개념을 만나 보세요.

독도의 위치와 자연환경

독도의 위치

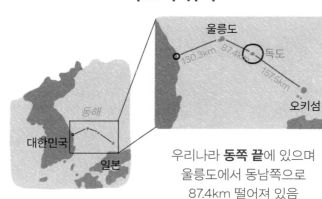

우리나라 **동쪽 끝**에 있으며
울릉도에서 동남쪽으로
87.4km 떨어져 있음

독도의 자연환경

동도와 서도, 바위섬들로 이뤄졌으며
다양한 동식물과 귀한 자원이 있음

✦ 어휘

▼ 개념에서 살펴본 어휘를 문장의 빈칸에 써 보세요.

독도는 우리나라의 ☐☐ ☐ 에 있는 섬이에요.

독도는 ☐☐☐ 에서 동남쪽으로 87.4km 떨어져 있어요.

독도는 2개의 큰 섬인 ☐☐ 와 ☐☐, 89개의 바위섬으로 이뤄져 있어요.

☐☐ 는 다양한 동식물이 살고, 귀한 자원이 묻혀 있는 소중한 영토예요.

독도는 우리나라의 동쪽 끝에 있는 섬이며,
우리가 지켜야 할 소중한 대한민국의 영토예요.

독도를 지키기 위한 노력

안용복

일본으로 건너가 독도가
조선의 영토임을 확인받아 냄

독도 경비대

다른 나라가 불법으로
독도에 접근하지 못하게 함

민간단체의 활동

독도가 우리 영토임을
전 세계에 알리고 홍보함

우리나라는 소중한 영토인 **독도**를 지키기 위해 노력하고 있어요.

조선 시대 때 [　　　]은 일본으로 건너가 독도가 우리 영토임을 확인받아 냈어요.

오늘날에는 [　　　]가 독도를 지키고 있어요.

[　　　]에서도 독도가 우리 영토임을 알리는 활동을 펼치고 있어요.

우리 땅 독도는 어떤 곳일까요?

핵심 개념

▼ 다음 글을 읽고 물음에 답하세요. (1~6)

독도의 위치

❶ 독도는 우리나라 영토의 동쪽 끝에 위치한 섬으로, 행정 구역으로는 경상북도 울릉군 울릉읍에 속해요. 울릉도에서 동남쪽으로 약 87.4km 떨어져 있으며, 맑은 날에는 울릉도에서 독도를 볼 수 있어요. 독도에서 울릉도까지의 거리가 독도에서 일본의 오키섬까지의 거리보다 약 70km 더 가까워요.

독도의 자연환경

❷ 독도는 두 개의 큰 섬인 동도와 서도, 그리고 89개의 바위섬으로 이루어져 있어요. 독도는 화산 폭발로 생긴 화산섬이에요. 그래서 독특한 지형과 경관을 지니고 있지요. 독도에서는 한반도 바위, 천장굴 등 독특한 모양의 바위와 동굴을 볼 수 있어요.

❸ 독도는 다양한 동식물이 서식하는 생태계의 보고이기도 해요. 우리나라는 독도를 천연기념물 제336호로 지정해 보호하고 있어요. 독도를 대표하는 새인 괭이갈매기를 비롯해 독도 사철나무, 섬기린초 등 다양한 동식물이 독도에 서식해요. 또 독도 주변의 바다는 따뜻한 바닷물과 차가운 바닷물이 만나는 곳으로, 다양한 해양 생물이 살기 좋은 환경이에요. 바다의 깊은 곳에는 해양 심층수가 흐르고, 미래 에너지 자원으로 주목받는 가스 하이드레이트가 묻혀 있는 등 자원이 풍부해 경제적 가치가 높아요.

독도의 중요성

❹ 이처럼 독도는 우리나라 영토 끝에 위치해 우리나라 영해를 정하는 기준이 될 뿐만 아니라 환경적·경제적으로도 중요한 가치를 지니고 있어요. 또 여러 나라의 선박과 항공기가 지나다니는 교통의 중심지에 위치한 데다, 일본, 러시아 등과 가까워 주변 나라들의 움직임을 살피기 좋아서 군사적으로도 중요한 곳이에요.

독도를 지키기 위한 노력

❺ 우리나라는 예로부터 소중한 영토인 독도를 지키기 위해 노력해 왔어요. 조선 시대 때 안용복은 독도 주변에 무단으로 침입한 일본 어부들을 발견하고, 일본으로 건너가 독도와 울릉도가 조선의 영토라는 것을 확인받고 돌아왔어요. 오늘날 독도에는 우리나라 주민들이 거주하고 있고, 다른 나라 배들이 불법으로 독도에 침입하지 못하도록 독도 경비대가 해안을 경계하고 있어요. 우리나라 정부는 독도에 한국령 표시를 하고, 주민과 경비대를 위한 등대, 숙소 등 각종 시설물을 설치해 독도가 우리나라의 영토라는 것을 보여 주고 있어요. 아울러 독도와 관련한 법령을 만들어 시행하고 있지요. 민간단체들도 인터넷에서 독도에 관한 잘못된 정보를 찾아 바로잡고 독도의 역사를 올바르게 소개하는 등 활발한 활동을 펼치고 있어요.

낱말 풀이

• **보고** 귀중한 것이 많이 나거나 간직되어 있는 곳.
• **해양 심층수** 햇빛이 닿지 않는 수심 200m 이하의 깊은 바닷물. 깨끗하고 미네랄이 풍부하다.
• **가스 하이드레이트** 천연가스와 물이 결합한 고체 형태의 물질. 불을 붙이면 타는 성질이 있어서 불타는 얼음으로 불린다.

1 문단별 중심 문장의 빈칸에 들어갈 알맞은 핵심 어휘를 찾아 √표 하세요.

우리 땅 독도는 어떤 곳일까요?

❶문단 독도는 우리나라 영토의 (   )에 위치한 섬이다.

☐ 남쪽 끝
☐ 동쪽 끝

❷문단 독도는 (   ), 그리고 89개의 바위섬으로 이루어져 있다.

☐ 동도와 서도
☐ 하나의 큰 섬

❸문단 독도는 다양한 동식물이 서식하는 (   )이다.

☐ 교통의 중심지
☐ 생태계의 보고

❹문단 독도는 (   )를 정하는 기준이 될 뿐 아니라, 환경적·경제적·군사적으로도 중요한 가치를 지닌다.

☐ 우리나라 영해
☐ 주변 나라와의 관계

❺문단 우리나라는 예로부터 소중한 영토인 (   )을/를 지키기 위해 노력해 왔다.

☐ 독도
☐ 오키섬

2 이 글을 읽고 알 수 있는 내용으로 알맞은 것에는 ○표, 알맞지 않은 것에는 ✕표 하세요.

(1) 독도는 행정 구역상으로 경상북도 울릉군 울릉읍에 속한다. ⋯⋯⋯⋯⋯⋯ (   )

(2) 오늘날 독도에는 독도 경비대가 독도 해안을 경계하고 있다. ⋯⋯⋯⋯⋯⋯ (   )

(3) 독도는 화산 폭발로 생긴 화산섬으로, 동식물이 살지 않는다. ⋯⋯⋯⋯⋯ (   )

(4) 독도 주변은 따뜻한 바닷물과 차가운 바닷물이 만나 다양한
해양 생물이 살기 좋은 환경이다. ⋯⋯⋯⋯⋯⋯⋯⋯⋯⋯⋯⋯⋯⋯⋯⋯ (   )

3 독도를 지키기 위한 정부나 민간단체의 노력으로 알맞지 않은 것을 고르세요. ( )

① 독도와 관련된 법령을 만들어 시행하고 있다.

② 독도의 역사를 올바르게 소개하는 활동을 펼치고 있다.

③ 독도에 주민과 경비대를 위한 등대와 숙소 등을 설치했다.

④ 독도에 관한 잘못된 정보를 찾아 바로잡는 활동을 하고 있다.

⑤ 독도 주변 바다에 다른 나라 배들이 자유롭게 다니도록 하고 있다.

4 이 글과 <보기>의 자료를 보고, 독도가 우리나라 영토라는 것을 보여 주는 사실로 알맞지 않은 것을 고르세요. ( )

〈보기〉

(가) **독도의 위치**

독도와 지리적으로 가장 가까운 지역은 울릉도로, 울릉도에서 독도까지의 거리는 약 87.4km입니다. 한편 일본의 오키섬에서 독도까지의 거리는 약 157.5km입니다.

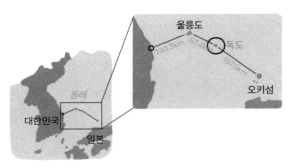

(나)「**삼국접양지도**」

「삼국접양지도」(1785년)는 일본의 지리학자가 그린 지도입니다. 울릉도와 독도를 우리나라와 같은 노란색으로 칠했고, 그 옆에 '조선의 것'이라고 써 놓았습니다.

① 독도는 우리나라의 동쪽 끝에 있는 영토로, 울릉도와 가깝다.

② 일본 사람이 그린 옛 지도에서 독도가 우리나라 영토로 표시되어 있다.

③ 독도에서 울릉도까지의 거리가 독도에서 일본 오키섬까지의 거리보다 더 멀다.

④ 조선 시대 때 안용복은 일본으로 건너가 독도가 조선의 영토임을 확인받고 돌아왔다.

⑤ 오늘날 독도에는 우리나라 주민이 거주하고 있으며, 대한민국 정부가 설치한 시설물이 있다.

5 다음 구조도의 빈칸에 들어갈 알맞은 어휘를 쓰세요.

우리 땅 독도

독도의 위치와 자연환경

독도의 위치:

– 우리 영토의 [ ] [ ] [ ] 에 위치함.

– [ ] [ ] 에서 약 87.4km 떨어져 위치함.

독도의 자연환경:

– 동도와 서도, 89개의 바위섬으로 이루어짐.

– 다양한 동식물이 살고, 자원이 풍부함.

독도를 지키기 위한 노력

〈옛사람들의 노력〉

– 조선 시대 안용복은 독도가 우리 영토임을 일본에 확인받아 냄.

〈오늘날 정부와 민간단체의 노력〉

– 정부가 독도에 시설물을 설치하고, 법령을 만들어 시행함.

– [ ] [ ] 가 해안을 경계함.

– 정부와 민간단체에서 독도에 관한 올바른 정보를 알리는 활동을 함.

6 다음 대화의 밑줄 친 부분에 독도의 군사적 중요성을 쓰세요.

독도에는 괭이갈매기, 섬기린초 등 희귀하고 다양한 동식물이 서식해 환경적으로 가치가 뛰어나. 그래서 독도를 천연기념물로 지정해 보호하고 있지.

 가스 하이드레이트처럼 귀중한 자원이 풍부하게 묻혀 있어서 경제적 가치도 높은 곳이야.

그 뿐만 아니라 _____

_____ 군사적으로 중요한 곳이기도 해.

02 남북통일을 위해 어떤 노력을 하고 있을까요?

정답과 해설 23쪽

✦ 개념

▼ 그림으로 중요한 개념을 만나 보세요.

남북 분단으로 겪는 어려움

전쟁에 대한 불안감	과도한 국방비 지출	이산가족의 아픔	남북한 문화 차이

✦ 어휘

▼ 개념에서 살펴본 어휘를 문장의 빈칸에 써 보세요.

남북 분단으로 인해 [   ]에 대한 불안감이 계속되고 있어요.

남북 분단으로 인한 과도한 [   ] 지출로 경제적 손실을 입고 있어요.

남북 분단으로 인해 수많은 [   ]이 아픔을 겪고 있어요.

남북 분단으로 인해 언어 등 남북한의 [   ] 차이가 점점 벌어지고 있어요.

남북한은 분단으로 인한 어려움을 해소하고
남북통일을 이루고자 꾸준히 노력하고 있어요.

남북통일을 위한 노력

정치적 노력

남북 정상 회담 개최
(2000년, 2007년, 2018년)

경제적 노력

개성 공단 가동
(2005~2016년)

사회·문화적 노력

남북한 선수단 공동 입장
(2018년 평창 올림픽)

남북한은 ☐☐☐☐ 을 이루기 위해 꾸준히 노력해 왔어요.

☐☐ ☐☐ ☐☐ 을 개최하는 등 정치적 노력을 기울였어요.

남북한이 협력해 ☐☐ ☐☐ 을 가동하는 등 경제적 노력도 이어졌어요.

올림픽에서 ☐☐☐ ☐☐☐ 이 공동 입장하는 등 사회·문화적 노력도 계속됐어요.

남북통일을 위해 어떤 노력을 하고 있을까요?

▼ 다음 글을 읽고 물음에 답하세요. (1~6)

핵심 개념

남북 분단으로 겪는 어려움

❶ 우리나라는 광복 이후 38도선을 경계로 남북으로 분단된 후, 6·25 전쟁을 겪고 휴전선이 그어지며 분단이 굳어졌어요. 지금까지도 남북으로 분단된 채 여러 가지 어려움을 겪고 있어요. 한반도에 언제 다시 전쟁이 일어날지 모른다는 불안감이 계속되고, 전쟁에 대비해 남북한 모두 과도한 국방비를 부담하느라 경제적으로 큰 손실을 입고 있어요. 수많은 이산가족이 아픔을 겪고, 언어와 생활 모습 등 남북한 문화의 차이는 점점 더 벌어지고 있어요. 하지만 남한과 북한은 이러한 어려움을 극복하고 한반도 평화를 이루기 위해 정치·경제·문화 등 여러 분야에서 노력해 왔어요.

정치적 노력

❷ 남북한은 평화적으로 남북통일을 이루기 위해 1970년대부터 꾸준히 정치적 노력을 해 왔어요. 1972년, 남북한은 최초로 통일에 대한 뜻을 합의해 7·4 남북 공동 성명을 발표했어요. 1991년에는 남북한이 평화 통일을 위해 서로 협력하고 교류하자는 남북 기본 합의서를 채택하고, 나란히 국제 연합에 가입했어요. 이어 2000년, 2007년, 2018년에는 남북 정상 회담이 열렸어요. 세 번의 회담에서 남북한은 이산가족 상봉, 경제 협력 등을 의논하고, 남북 관계 발전과 평화 통일을 위해 함께 노력할 것을 선언했어요.

경제적 노력

❸ 경제적으로도 다양한 노력이 이어졌어요. 1998년부터 2008년까지는 금강산 관광 사업으로 남한의 국민들이 북한 지역에 있는 금강산을 방문할 수 있었어요. 2000년 남북 정상 회담 이후로는 교류와 협력이 크게 확대되어 2002년에 끊어진 도로와 철도를 잇는 공사를 시작했고, 2005년에는 개성 공단이 가동을 시작했어요. 개성 공단은 남한의 기술력과 자본에 북한의 노동력을 결합한 경제 협력 사업으로, 2016년까지 운영되었어요.

사회·문화적 노력

❹ 한편, 1985년에 첫 이산가족 상봉 행사가 열린 이후 2018년까지 총 21차례 이산가족 상봉이 이루어지며 사회·문화적 노력도 계속되었어요. 2018년에 열린 평창 동계 올림픽에서는 남북한 선수단이 한반도기를 들고 공동으로 입장했고, 남북 예술단이 합동 공연을 하는 등 남북한 문화 차이를 줄이고 화합하려는 노력이 이어졌지요.

통일 한국의 모습

❺ 평화롭게 남북통일이 이루어지면 전쟁에 대한 불안이 해소될 뿐 아니라 이산가족이 만나 아픔을 치유하고, 함께 민족 문화를 발전시켜 나갈 수 있어요. 또 과도한 국방비를 줄여 복지나 문화, 경제 발전에 사용할 수 있고, 남한의 기술력과 북한의 자원을 활용해 경제가 크게 성장할 수 있어요. 그리고 아시아를 넘어 유럽까지 철도와 도로가 연결되어 여러 나라와 활발하게 교류할 수 있을 거예요.

낱말 풀이

• **국방비** 국가가 외국의 침략에 대비해 나라를 안전하게 지키는 데 사용되는 비용.
• **성명** 어떤 일에 대한 자기의 입장, 방침 등을 공개적으로 발표함.

1 문단별 중심 문장의 빈칸에 들어갈 알맞은 핵심 어휘를 찾아 √표 하세요.

> ### 남북통일을 위해 어떤 노력을 하고 있을까요?

①문단 우리나라는 광복 이후 남북으로 (   )된 채 여러 가지 어려움을 겪고 있다.
- ☐ 분단
- ☐ 확대

---

②문단 남북한은 평화적으로 (   )을 이루기 위해 1970년대부터 꾸준히 정치적 노력을 해 왔다.
- ☐ 남북통일
- ☐ 남북 분단

---

③문단 남북한은 금강산 관광 사업, (   ) 가동 등 경제적 노력을 해 왔다.
- ☐ 개성 공단
- ☐ 평창 동계 올림픽

---

④문단 남북한은 (   ), 남북한 선수단 공동 입장 등 사회·문화적 노력을 해 왔다.
- ☐ 국제 연합 가입
- ☐ 이산가족 상봉 행사

---

⑤문단 남북통일이 이루어지면 (   )에 대한 불안이 해소되고 문화와 경제 발전을 이룰 수 있다.
- ☐ 교류
- ☐ 전쟁

2 이 글을 읽고 알 수 있는 내용으로 알맞은 것에는 ○표, 알맞지 않은 것에는 ✕표 하세요.

(1) 1970년대 이후로 지금까지 남북 정상 회담이 두 차례 열렸다. ·················· (   )

(2) 남한과 북한은 모두 과도한 국방비 지출로 경제적 손실을 입고 있다. ·············· (   )

(3) 우리나라는 휴전선을 기준으로 남한과 북한으로 분단된 상태이다. ·············· (   )

(4) 남북통일을 이루기 위한 사회·문화적 노력으로 개성 공단 가동,
끊어진 도로와 철도를 잇는 공사가 이루어졌다. ·············· (   )

3 남북통일 이후 달라질 우리나라의 모습으로 알맞지 <u>않은</u> 것을 고르세요.   (   )

① 전쟁에 대한 불안감이 해소된다.

② 이산가족이 만나 아픔을 치유할 수 있다.

③ 과도한 국방비로 경제적 손실이 커질 수 있다.

④ 남한의 기술력과 북한의 자원 등을 활용해 경제가 더욱 성장할 수 있다.

⑤ 유럽까지 철도와 도로가 연결되어 여러 나라와 더욱 활발하게 교류할 수 있다.

4 <보기>의 ㉠ ~ ㉢에 들어갈 말이 알맞게 짝지어진 것을 고르세요.   (   )

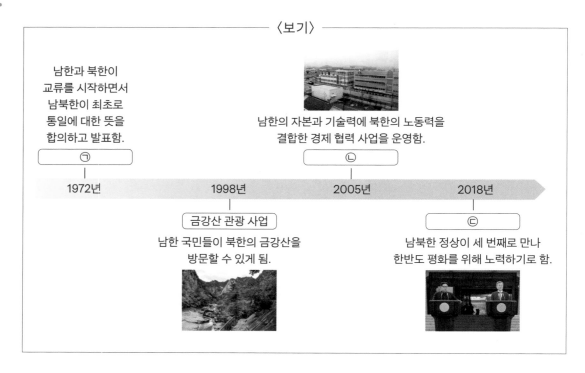

— 〈보기〉 —

남한과 북한이 교류를 시작하면서 남북한이 최초로 통일에 대한 뜻을 합의하고 발표함.

㉠

남한의 자본과 기술력에 북한의 노동력을 결합한 경제 협력 사업을 운영함.

㉡

1972년   1998년   2005년   2018년

금강산 관광 사업

남한 국민들이 북한의 금강산을 방문할 수 있게 됨.

㉢

남북한 정상이 세 번째로 만나 한반도 평화를 위해 노력하기로 함.

	㉠		㉡		㉢
①	남북 정상 회담	–	남북 예술단 합동 공연	–	개성 공단 가동
②	7·4 남북 공동 성명	–	남북 예술단 합동 공연	–	남북 기본 합의서 채택
③	7·4 남북 공동 성명	–	개성 공단 가동	–	남북 정상 회담
④	남북 기본 합의서 채택	–	개성 공단 가동	–	남북 정상 회담
⑤	남북 기본 합의서 채택	–	남북 정상 회담	–	개성 공단 가동

요약하여
쓰기 **5** 다음 구조도의 빈칸에 들어갈 알맞은 어휘를 쓰세요.

┌──────────────────────────┐
│   남북 분단과 남북통일   │
└──────────────────────────┘

┌──────────────────────────┐ ┌──────────────────────────────────┐
│   남북 분단으로 겪는 어려움   │ │   남북통일을 위한 노력   │
├──────────────────────────┤ ├──────────────────────────────────┤
│   │ │ 〈정치적 노력〉   │
│ – ┌─────┐에 대한 불안감이   │ │ – 1972년: 7·4 남북 공동 성명 발표 │
│   └─────┘ 계속됨.   │ │ – 1991년: 남북 기본 합의서 채택   │
│   │ │ – 2000년, 2007년, 2018년: │
│ – ┌───────┐를 과도하게   │ │   ┌────┬────┬────┐   │
│   └───────┘ 지출함.   │ │   └────┴────┴────┘   │
│ – 이산가족이 아픔을 겪음.   │ │   │
│ – 남북한 문화의 차이가 점점   │ │ 〈경제적 노력〉   │
│   벌어짐.   │ │ – 1998년~2008년: 금강산 관광 사업 │
│   │ │ – 2005년~2016년: 개성 공단 가동   │
│   │ │ 〈사회·문화적 노력〉   │
│   │ │ – 1985년~2018년: 이산가족 상봉   │
│   │ │ – 2018년: 평창 동계 올림픽 공동 입장│
└──────────────────────────┘ └──────────────────────────────────┘

서술형
쓰기 **6** 남북한 문화 차이를 줄이기 위한 사회·문화적 노력의 예를 한 가지 이상 쓰세요.

가락지빵은 '도넛'을 가리키는 북한말입니다. 오랜 분단으로 인해 남한과 북한 사람들이 일상에서 쓰는 말이 크게 달라져 의사소통에 어려움이 생겼습니다.

남북 분단으로 인한 남북한 간 문화 차이를 줄이고 화합하기 위해 남북한은 _ _ _ _ _ _ _ _ _ _ _ _ _ _ _

_ _

_ _

_ _ _ _ _ _ _ _ _ _ _ _ _ _ _ _ _ _ _ 등 사회·문화적 노력을 해

_ _ _ _ _ _ _ _ _ _ 왔습니다.

✦ 개념

▼ 그림으로 중요한 개념을 만나 보세요.

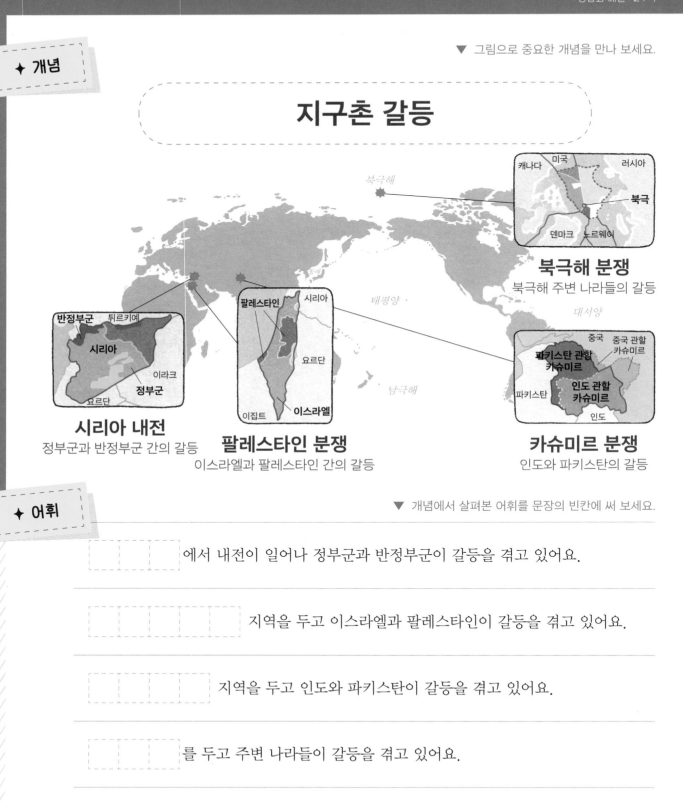

지구촌 갈등

북극해 분쟁
북극해 주변 나라들의 갈등

시리아 내전
정부군과 반정부군 간의 갈등

팔레스타인 분쟁
이스라엘과 팔레스타인 간의 갈등

카슈미르 분쟁
인도와 파키스탄의 갈등

✦ 어휘

▼ 개념에서 살펴본 어휘를 문장의 빈칸에 써 보세요.

에서 내전이 일어나 정부군과 반정부군이 갈등을 겪고 있어요.

지역을 두고 이스라엘과 팔레스타인이 갈등을 겪고 있어요.

지역을 두고 인도와 파키스탄이 갈등을 겪고 있어요.

를 두고 주변 나라들이 갈등을 겪고 있어요.

지구촌 곳곳에서는 영토, 종교, 민족, 자원 등
여러 가지 원인으로 갈등이 일어나고 있어요.

지구촌 갈등 원인

시리아 내전

반정부군 정부군

독재로 인한 갈등

→ 내전: 한 나라 안에서
일어나는 싸움

팔레스타인 분쟁

이스라엘 팔레스타인

영토로 인한 갈등

카슈미르 분쟁

인도 카슈미르 파키스탄

힌두교 이슬람교

종교로 인한 갈등

북극해 분쟁

자원으로 인한 갈등

시리아에서 [   ]에 반대해 일어난 내전이 종교 갈등으로 번졌어요.

이스라엘과 팔레스타인은 [   ]를 두고 갈등을 겪고 있어요.

[   ]가 다른 인도와 파키스탄이 카슈미르 지역을 두고 갈등을 겪고 있어요.

북극해의 [   ]을 차지하기 위해 주변 나라들이 갈등을 빚고 있어요.

지구촌에서는 어떤 갈등이 일어날까요?

▼ 다음 글을 읽고 물음에 답하세요. (1~6)

핵심 개념

지구촌 갈등

❶ 우리가 사는 지구촌 곳곳에서는 다양한 이유로 갈등이 일어나요. 더 많은 영토나 자원을 차지하려 다투기도 하고, 정치, 종교 등을 이유로 분쟁이 발생하기도 해요. 지구촌 갈등은 여러 원인이 복잡하게 얽혀 있는 경우가 많고, 갈등을 겪는 지역 외에 다른 여러 나라에 영향을 미쳐 쉽게 해결하기 어려워요. 지금도 지구촌 갈등으로 많은 사람이 죽고 다치거나 삶의 터전을 잃고 어려움을 겪고 있어요.

시리아 내전

❷ 시리아는 긴 내전으로 고통받고 있어요. 2011년, 대통령의 오랜 독재에 반대하는 시위가 일어나자 정부는 시위를 무력으로 진압했어요. 이에 시민들은 반정부군을 만들어 정부군에 맞섰어요. 이렇게 시작된 시리아 내전은 종교 갈등으로 번져 지금까지도 계속되고 있어요. 전쟁으로 많은 시리아인이 살 곳을 잃고 난민으로 떠돌게 되었어요.

팔레스타인 분쟁

❸ 이스라엘과 팔레스타인은 1948년부터 팔레스타인 지역을 차지하기 위해 다투고 있어요. 2천여 년 전, 유대인은 현재의 팔레스타인 지역에서 쫓겨났어요. 전 세계에 흩어졌던 유대인들은 1948년에 팔레스타인 지역으로 모여 이스라엘을 세웠어요. 그러자 이지역에 살던 아랍인들은 난민이 되었고, 영토를 되찾기 위해 저항했어요. 두 민족 간의영토 갈등은 유대교를 믿는 유대인과 이슬람교를 믿는 아랍인의 종교 갈등으로 확대됐고, 여러 나라가 얽힌 채 충돌과 보복을 거듭하며 위험한 상황이 이어지고 있어요.

카슈미르 분쟁

❹ 인도와 파키스탄은 카슈미르 지역을 두고 종교로 인한 갈등을 겪고 있어요. 영국의 지배를 받던 인도는 1947년에 독립하면서 힌두교를 믿는 인도와 이슬람 국가인 파키스탄으로 분리되었어요. 그 당시 카슈미르 지역 주민들은 대부분 이슬람교를 믿고있었기 때문에 파키스탄에 속하기를 원했어요. 하지만 힌두교도였던 카슈미르의 지도자는 인도에 속하기로 결정했지요. 이로 인해 카슈미르 지역 안에 종교 분쟁이 일어났고, 주변 나라들이 개입하면서 갈등이 더욱 깊어졌어요.

북극해 분쟁

❺ 오늘날에는 경제적 가치가 높은 자원을 차지하기 위한 갈등이 종종 발생해요. 북극해는 미국, 캐나다, 러시아, 덴마크, 노르웨이 등에 둘러싸인 바다예요. 북극해에는 원유와 천연가스가 풍부하게 매장되어 있는데, 지구 온난화로 인해 빙하가 녹으면서 이러한 지하자원을 개발하는 것이 가능해졌어요. 게다가 북극해는 선박이 지나다니는 항로로도 중요한 위치에 있어요. 이러한 이점 때문에 주변 나라들은 북극해가 자기 나라의 영역이라고 주장하며 갈등을 빚고 있어요.

낱말 풀이

• **난민** 전쟁이나 재해 등으로 어려운 처지에 빠져 머물 곳을 찾아 자기 나라를 떠나 있는 사람.

1 문단별 중심 문장의 빈칸에 들어갈 알맞은 핵심 어휘를 찾아 ✓표 하세요.

지구촌에서는 어떤 갈등이 일어날까요?

❶문단   우리가 사는 지구촌 곳곳에서는 다양한 이유로 (   )이/가
일어난다.

- ☐ 갈등
- ☐ 경제

---

❷문단   시리아에서는 정부군과 반정부군이 맞서면서 (   )이 일
어나 종교 갈등으로 번졌다.

- ☐ 내전
- ☐ 영토 갈등

---

❸문단   이스라엘과 팔레스타인은 종교가 다른 두 민족이 (   ) 지
역을 차지하기 위해 갈등하고 있다.

- ☐ 카슈미르
- ☐ 팔레스타인

---

❹문단   인도와 파키스탄은 카슈미르 지역을 두고 (   )로 인한 갈
등을 겪고 있다.

- ☐ 독재
- ☐ 종교

---

❺문단   북극해 주변 나라들은 경제적 가치가 높은 북극해의 (   )
을 둘러싸고 갈등하고 있다.

- ☐ 선박
- ☐ 자원

---

2 이 글을 읽고 알 수 있는 내용으로 알맞은 것에는 ○표, 알맞지 않은 것에는 ✕표 하세요.

(1) 시리아 내전은 종교 갈등으로 번져 지금까지도 계속되고 있다. ┄┄┄┄ (   )

(2) 지구촌 갈등의 원인은 다양하고, 복잡하게 얽혀 있는 경우가 많다. ┄┄┄ (   )

(3) 북극해 주변 나라들은 북극해에 매장된 원유와 천연가스를 서로
차지하기 위해 갈등하고 있다. ┄┄┄┄┄┄┄┄┄┄┄┄┄┄┄┄┄┄┄┄┄ (   )

(4) 카슈미르 지역에서는 유대교를 믿는 사람들과 이슬람교를 믿는
사람들이 나뉘어 갈등하고 있다. ┄┄┄┄┄┄┄┄┄┄┄┄┄┄┄┄┄┄┄┄ (   )

3 지구촌 갈등에 대한 설명으로 알맞지 <u>않은</u> 것을 고르세요. (   )

① 영토, 종교, 자원 등 다양한 원인으로 발생한다.

② 갈등을 겪는 지역 외에 다른 여러 나라에도 영향을 미친다.

③ 지구촌 갈등으로 많은 사람이 삶의 터전을 잃고 난민이 되기도 한다.

④ 지구촌 갈등의 원인이 분명해서 여러 나라가 협력하면 쉽게 해결할 수 있다.

⑤ 오늘날에는 경제적 가치가 높은 자원을 차지하기 위한 갈등이 종종 발생하고 있다.

4 <보기>의 (가)와 (나)의 갈등에 대한 설명으로 알맞지 <u>않은</u> 것을 고르세요. (   )

─────────── 〈보기〉 ───────────

(가) **시리아 내전**

독재를 반대하는 시위를 잔혹하게 진압하다니, 우리도 가만있진 않겠다! 수니파인 주변 나라들도 우리를 돕고 있소.

정부에 저항하는 반정부군은 무조건 진압할 것이다! 시아파인 나라들은 우리를 돕고 있지.

(나) **팔레스타인 분쟁**

팔레스타인은 유대인이 이스라엘을 세우기 전부터 이슬람교를 믿는 우리 아랍인이 살던 땅이오!

팔레스타인은 옛날에 우리 유대인이 살던 땅이오. 유대교 성서에도 우리 땅이라고 분명히 쓰여 있소!

• **수니파** 이슬람교의 약 90%를 차지하는 정통파.
• **시아파** 수니파와 대립하는 이슬람교의 2대 종파.

① (가)와 (나)의 갈등 모두 다른 나라들에 영향을 미치고 있다.

② (가)는 한 나라 안에서 정부군과 반정부군이 맞서는 내전이다.

③ (나)는 서로 다른 두 민족이 팔레스타인 지역을 두고 벌이는 갈등이다.

④ (가)와 (나)는 모두 경제적 가치가 높은 자원을 차지하기 위한 갈등이다.

⑤ (가)와 (나) 갈등 모두 원만하게 해결되지 못한 채 지금까지 이어지고 있다.

5 다음 구조도의 빈칸에 들어갈 알맞은 어휘를 쓰세요.

지구촌 갈등	

┌─┬─┬─┬─┐ 내전	정부군과 반정부군 간에 일어난 내전이 종교 갈등으로 확대됨.
팔레스타인 분쟁	유대인들이 ┌─┬─┬─┬─┬─┐ 지역에 이스라엘을 세우자 팔레스타인에 살던 아랍인들과 갈등이 일어남.
카슈미르 분쟁	카슈미르 지역이 인도에 편입되자 이슬람교도와 힌두교도 사이에 종교 갈등이 일어남.
북극해 분쟁	북극해의 ┌─┬─┐을 개발하려고 주변 나라들이 북극해를 자기 나라 영역이라고 주장함.

6 다음은 어떤 지역을 둘러싼 분쟁인지 쓰고, 이와 같은 지구촌 갈등이 일어나는 까닭을 쓰세요.

 ＿＿＿＿＿＿＿＿＿＿＿＿에는 원유와 천연가스 등 지하자원이 풍부하게 매장되어 있는데, 빙하가 녹으면서 지하자원을 개발하는 것이 가능해지자 주변 나라들이 이곳을 자기 나라의 영역이라고 주장하고 있습니다.

오늘날 이와 같은 지구촌 갈등이 일어나는 까닭은 ＿＿＿＿＿＿＿＿＿

＿＿＿＿＿＿＿＿＿＿＿＿＿＿＿＿＿＿＿＿＿＿＿＿＿＿＿＿＿＿

04 지구촌 평화와 발전을 위해 어떤 노력을 하고 있을까요?

정답과 해설 25쪽

✦ 개념

▼ 그림으로 중요한 개념을 만나 보세요.

국제기구와 국가의 노력

국제기구

국가

지구촌 평화를 지키기 위한
국제 연합

평화 유지를 위해 파견하는
국제 연합 평화 유지군

경제 개발이 뒤떨어진 나라를 돕는
한국 국제 협력단

✦ 어휘

▼ 개념에서 살펴본 어휘를 문장의 빈칸에 써 보세요.

여러 나라가 ☐☐☐☐ 를 만들어 지구촌 평화와 발전을 위해 노력해요.

대표적인 국제기구인 ☐☐ ☐☐ 은 지구촌 평화를 지키고자 설립되었어요.

국가에서도 국제 연합 평화 유지군을 파견하는 등 지구촌 평화를 위해 노력해요.

우리나라도 ☐☐ ☐☐ ☐☐☐ 을 만들어 어려운 나라들을 도와요.

지구촌 갈등을 해결하고 평화를 이루고자
다양한 주체들이 함께 노력하고 있어요.

비정부 기구와 개인의 노력

비정부 기구

개인

의료 지원을 하는
국경 없는 의사회

집을 지어 주는
해비타트

의료 봉사와 교육에 헌신한
이태석

흑인 인권 운동을 펼친
넬슨 만델라

☐☐☐☐ ☐☐ 도 지구촌 문제를 해결하려 노력해요.

☐☐ ☐☐☐ ☐☐☐는 의료 지원을 하고, 해비타트는 집을 지어 줘요.

개인들도 지구촌 평화와 발전을 위해 다양한 분야에서 노력해요.

☐☐☐은 의료 봉사와 교육에 헌신했고, 넬슨 만델라는 흑인 인권을 보호했어요.

지구촌 평화와 발전을 위해 어떤 노력을 하고 있을까요?

▼ 다음 글을 읽고 물음에 답하세요. (1~6)

핵심 개념

지구촌 갈등의 해결

❶ 지구촌에서는 크고 작은 갈등이 끊임없이 일어나 사람들의 생명과 인권을 위협해요. 지구촌 갈등을 해결하고 평화로운 지구촌을 이루기 위해 국제기구, 국가, 비정부 기구, 개인 등 다양한 주체가 힘을 모으고 있어요.

국제기구의 노력

❷ 국제기구는 나라 사이에서 일어나는 여러 문제를 협력해서 해결하기 위해 여러 나라가 모여 만든 조직이에요. 대표적인 국제기구로는 국제 연합이 있어요. 국제 연합(UN)은 두 번의 세계 대전을 겪은 후, 전쟁을 막고 지구촌 평화를 유지하고자 1945년에 설립되었어요. 국제 연합은 전 세계 사람들의 건강과 보건을 연구하는 세계 보건 기구, 난민들을 돕는 국제 연합 난민 기구, 어린이들이 안전하고 건강하게 성장하도록 돕는 국제 연합 아동 기금, 교육·과학·문화 분야의 국제 교류를 증진하기 위한 유네스코 등 여러 전문 기구를 두어 지구촌 갈등을 해결하고자 노력하고 있어요.

국가의 노력

❸ 각 국가에서도 생명과 인권을 보호하고 세계 평화를 지키기 위해 노력해요. 우리나라도 외교 활동을 통해 다른 국가들과 좋은 관계를 유지하고, 평화 유지를 위한 국제 조약에 가입해 조약 내용을 정책에 적용해요. 또 국제 연합 평화 유지군의 일원으로 분쟁 지역에 군대를 파견해 지구촌 갈등을 멈추거나 피해를 복구하도록 돕고 있어요. 한편 우리나라 외교부에 속한 한국 국제 협력단(KOICA)은 경제 개발이 뒤떨어진 나라의 사회 발전을 돕는 기관이에요. 현지에 봉사단을 보내 교육하거나, 재난이 일어났을 때 구호 활동을 하는 등 국제 협력을 목적으로 활동해요.

비정부 기구의 노력

❹ 비정부 기구도 지구촌 평화를 위한 활동을 펼치고 있어요. 비정부 기구는 지구촌의 여러 문제를 해결하고자 뜻을 같이하는 사람들이 모여 만든 단체로, 환경 보전, 빈곤 퇴치 등을 위해 국경을 넘어 활동하고 있어요. 의사들이 모여 만든 비정부 기구인 국경 없는 의사회는 전쟁이나 재해 등으로 어려움을 겪는 지역의 사람들에게 의료 지원을 하고, 해비타트는 주거 환경이 좋지 않은 사람들에게 집을 지어 주는 활동을 해요.

개인의 노력

❺ 개인들도 지구촌의 평화와 발전을 위해 다양한 분야에서 노력하고 있어요. 이태석 신부는 오랜 내전으로 폐허가 된 아프리카의 남수단에 병원과 학교를 세워 의료 봉사와 교육에 헌신했어요. 넬슨 만델라는 남아프리카 공화국에서 인종 차별을 없애기 위한 흑인 인권 운동을 펼쳤어요.

낱말 풀이

• **일원** 단체에 소속된 한 구성원.
• **구호** 재난이나 재해를 당한 사람을 도와서 보호함.

1 문단별 중심 문장의 빈칸에 들어갈 알맞은 핵심 어휘를 찾아 √표 하세요.

지구촌 평화와 발전을 위해 어떤 노력을 하고 있을까요?

❶문단 (   )을 해결하고 평화를 이루기 위해 국제기구, 국가, 비
정부 기구, 개인이 노력하고 있다.

☐ 생명과 인권
☐ 지구촌 갈등

❷문단 국제 연합은 지구촌의 평화를 유지하고자 여러 나라가 모여 만
든 (   )이다.

☐ 국제기구
☐ 비정부 기구

❸문단 각 (   )에서는 세계 평화를 지키기 위해 외교 활동을 하
고 국제 조약에 가입하는 등의 활동을 한다.

☐ 국가
☐ 봉사단

❹문단 뜻을 같이하는 사람들이 모여 만든 (   )는 지구촌 문제를
해결하고자 국경을 넘어 활동하고 있다.

☐ 국제기구
☐ 비정부 기구

❺문단 이태석 신부, 넬슨 만델라 등 (   )들도 지구촌 평화와 발
전을 위해 노력하고 있다.

☐ 개인
☐ 국가

2 이 글을 읽고 알 수 있는 내용으로 알맞은 것에는 ○표, 알맞지 않은 것에는 ✕표 하세요.

(1) 지구촌 갈등은 사람들의 생명과 인권을 위협한다. ──────────── (   )

(2) 넬슨 만델라는 인종 차별을 없애기 위한 흑인 인권 운동을 펼쳤다. ──────── (   )

(3) 비정부 기구는 지구촌의 여러 문제를 협력해서 해결하고자
여러 국가가 모여 만든 조직이다. ──────────── (   )

(4) 우리나라는 국제 조약에 가입하고 한국 국제 협력단을 설립해
세계 평화를 지키고자 노력하고 있다. ──────────── (   )

3 국제 연합에 대해 정리한 내용으로 알맞지 <u>않은</u> 것을 고르세요. ( )

국제기구 이름	국제 연합	
설립한 까닭	① 전쟁이 일어나는 것을 막고 지구촌의 평화를 유지하기 위해	
국제 연합 전문 기구	세계 보건 기구	② 전 세계 사람들의 건강과 보건을 연구함.
	국제 연합 난민 기구	③ 분쟁 지역에 군대를 보내 갈등을 멈추거나 피해를 복구하도록 도움.
	국제 연합 아동 기금	④ 전 세계 어린이들이 안전하고 건강하게 성장하도록 도움.
	유네스코	⑤ 교육·과학·문화 분야의 국제 교류를 증진함.

4 <보기>의 (가)~(다)의 밑줄 친 단체에 대한 설명으로 알맞은 것을 고르세요. ( )

〈보기〉

(가)

 <u>한국 국제 협력단</u>은 경제 개발이 뒤떨어진 나라에 교육이나 의료 등의 서비스를 제공하고 구호 활동을 하여 경제·사회 발전을 지원합니다.

(나)

 <u>국제 연합</u>은 제2차 세계 대전 후에 국제 평화·협력을 위해 만들어진 단체로, 여러 전문 기구를 두어 지구촌 문제를 해결하기 위해 노력하고 있습니다.

(다)
 <u>해비타트</u>는 '거주지'라는 뜻으로, 분쟁 등으로 살 곳을 잃은 사람들을 돕고, 열악한 주거 환경으로 어려움을 겪는 이들에게 집을 지어 줍니다.

① (가)는 지구촌 평화와 발전을 위한 국제기구의 활동이다.
② (나)의 국제 연합은 여러 개인과 단체가 모여 만든 기구이다.
③ (다)는 외교 활동을 하거나 국제 조약에 가입하는 활동을 한다.
④ (가)의 아래에는 국제 연합 난민 기구, 국제 연합 아동 기금 등의 전문 기구가 있다.
⑤ (다)는 지구촌의 여러 문제를 해결하고자 뜻을 같이하는 사람들이 모여 만든 비정부 기구이다.

5 다음 구조도의 빈칸에 들어갈 알맞은 어휘를 쓰세요.

지구촌 평화와 발전을 위한 노력

국제기구의 노력	– ▢▢ ▢▢ : 지구촌 평화를 위한 국제기구
▢▢의 노력	– 외교 활동, 국제 조약 가입, 국제 연합 평화 유지군 파견 등 – 한국 국제 협력단: 개발이 뒤떨어진 나라의 발전을 도움.
▢▢ ▢▢의 노력	– 지구촌 문제를 해결하고자 뜻을 같이하는 사람들이 모여 만든 단체 – 국경 없는 의사회, 해비타트 등
개인의 노력	– 이태석 신부, 넬슨 만델라 등 – 지구촌 평화와 발전을 위해 다양한 분야에서 노력함.

6 다음 가상 인터뷰의 밑줄 친 부분에 들어갈 인물의 활동을 쓰세요.

이태석 신부님, 안녕하세요? 오랜 내전으로 폐허가 된 아프리카 남수단에 희망을 일궈 내어 '수단의 슈바이처'로 불리신다지요. 의사의 길을 접고 먼 아프리카로 건너가 어떠한 활동을 하셨는지 궁금합니다.

저는 전쟁으로 건물이 무너지고 땅은 메말라 가난과 질병으로 어려움을 겪는 남수단의 주민들이 인간다운 삶을 살 수 있도록

이태석

✦ 개념

▼ 그림으로 중요한 개념을 만나 보세요.

지구촌 환경 문제

지구 온난화	열대 우림 파괴	해양 쓰레기	대기 오염

해수면이 높아짐	동식물의 터전이 줄어듦	해양 생태계를 파괴함	사람들의 건강을 위협함

✦ 어휘

▼ 개념에서 살펴본 어휘를 문장의 빈칸에 써 보세요.

☐☐☐ 로 빙하가 녹아 해수면이 높아지고 있어요.

☐☐☐ 이 파괴되어 동식물의 생활 터전이 줄어들고 있어요.

☐☐☐ 로 인해 해양 생태계가 파괴되고 있어요.

☐☐☐ 이 심해져 사람들의 건강을 위협하고 있어요.

**지구촌 환경 문제를 해결하기 위해
개인과 기업, 국가와 세계가 함께 노력해요.**

환경 문제 해결을 위한 노력

개인의 노력

에너지 절약하기

기업의 노력

친환경 제품 생산하기

국가의 노력

환경 정책 시행하기

세계의 노력

국제 협약 맺기

지구촌 환경 문제를 해결하기 위해 **개인**은 ☐☐☐를 절약해요.

기업은 ☐☐☐☐☐을 생산해 환경을 보호하고자 노력해요.

국가에서는 환경을 생각하는 ☐☐을 마련하고 시행해요.

세계 여러 나라는 ☐☐☐☐을 맺어 환경 문제를 해결하려고 협력해요.

지구촌 환경 문제를 어떻게 해결할 수 있을까요?

핵심 개념

**지구촌
환경 문제**

❶ 오늘날 지구촌에서는 여러 가지 환경 문제가 발생하고 있어요. 먼저, 지구 표면의 평균 기온이 높아지는 지구 온난화 문제가 심각해요. 지구의 평균 기온이 오르면서 빙하가 녹아 해수면이 높아지고 있어요. 이로 인해 해안 지역의 도시와 섬들이 물에 잠길 위기에 처했고, 북극곰처럼 극지방에 사는 동물들은 살 곳을 잃고 있어요. 한편 농경지를 만들거나 도시를 개발하기 위해 나무를 무분별하게 베어 내면서 열대 우림이 빠른 속도로 사라지고 있어요. 온실가스를 흡수하는 열대 우림이 파괴되면서 동식물의 생활 터전이 줄어들고, 지구 온난화의 속도도 빨라지고 있어요. 또한 해양 쓰레기가 해양 생태계를 파괴하고 있어요. 사람들이 버린 쓰레기가 바다에 쌓여 쓰레기 섬이 만들어지고, 이로 인해 해양 생물이 병들어 사람들의 건강도 위협하고 있어요. 공장과 자동차가 내뿜는 매연 등으로 인한 대기 오염도 우리의 건강을 심각하게 해치고 있어요. 이러한 환경 문제는 한 지역만이 아닌 지구촌 전체의 문제이며, 생태계를 파괴하고 사람들의 안전을 위협할 뿐 아니라 미래 세대에도 악영향을 미쳐요. 이에 지구촌 환경 문제를 해결하고자 개인, 기업, 국가, 세계가 함께 노력하고 있어요.

**개인과 기업의
노력**

❷ 지구촌 환경 문제를 해결하기 위해서 개인은 일회용품 사용을 줄이고 사용한 물건을 재활용하여 자원 낭비를 막아요. 또 사용하지 않는 조명을 끄거나 실내 적정 온도를 유지해 에너지를 절약해요. 기업은 자연에서 쉽게 분해되는 친환경 소재로 제품을 만들고 에너지 효율이 높은 가전제품을 만드는 등 환경을 생각하는 생산을 해요. 또 불필요한 포장을 줄여 환경 보호에 대한 사회적 책임을 다하려 노력하고 있어요.

국가의 노력

❸ 각 국가에서는 환경 문제를 해결하기 위해 환경을 생각하는 정책과 법령을 마련하고, 친환경 산업이 성장할 수 있도록 지원해요. 우리나라는 에너지 소비 효율 등급 표시제를 시행하여 냉장고, 자동차 등 에너지 사용량이 많은 제품에 에너지 효율 등급을 표시하도록 하고 있어요. 이를 통해 기업이 에너지 효율이 높은 제품을 생산하고, 사람들은 그런 제품을 소비할 수 있게 하여 환경을 생각하는 생산과 소비 활동을 지원해요.

세계의 노력

❹ 세계 여러 나라는 환경 문제를 해결하기 위해 서로 협력하여 대응책을 세우고 실천하고 있어요. 2015년, 전 세계 195개 나라가 프랑스 파리에서 온실가스의 배출을 줄이는 '파리 기후 변화 협약'에 동의했어요. 이처럼 세계는 환경 보호와 관련된 국제 협약을 맺고, 지구촌 전등 끄기 운동이나 세계 차 없는 날 캠페인을 실시하는 등 환경 문제를 해결하기 위해 함께 노력하고 있어요.

낱말 풀이

• **에너지 소비 효율 등급 표시제** 제품의 에너지 사용량이나 에너지를 사용하고 난 효율에 따라 1~5등급으로 구분해 표시하는 것.

1 문단별 중심 문장의 빈칸에 들어갈 알맞은 핵심 어휘를 찾아 √표 하세요.

지구촌 환경 문제를 어떻게 해결할 수 있을까요?

❶문단 지구촌에서는 지구 온난화, 열대 우림 파괴, 해양 쓰레기, 대기 오염 등 여러 가지 (　　　)가 나타나고 있다.

☐ 환경 문제
☐ 해양 생태계

❷문단 환경 문제를 해결하기 위해 (　　　)은/는 자원과 에너지를 절약하며, 기업은 환경을 생각하는 생산을 한다.

☐ 개인
☐ 국가

❸문단 각 (　　　)에서는 환경을 생각하는 정책과 법령을 마련하고, 친환경 산업이 성장할 수 있도록 지원한다.

☐ 국가
☐ 기업

❹문단 세계 여러 나라는 (　　　)을 맺는 등 서로 협력하여 대응책을 세우고 실천한다.

☐ 국제 협약
☐ 사회적 책임

2 이 글을 읽고 알 수 있는 내용으로 알맞은 것에는 ○표, 알맞지 않은 것에는 ✕표 하세요.

(1) 오늘날 지구촌 환경 문제는 지구촌 전체의 문제가 되고 있다. ────────────── (　　　)

(2) 열대 우림이 사라지면서 동식물의 생활 터전이 늘어나고 있다. ────────────── (　　　)

(3) 파리 기후 변화 협약에서 195개 국가가 온실가스 배출을 줄이는 데
동의했다. ── (　　　)

(4) 우리나라는 기업이 에너지 효율이 높은 제품을 생산하도록 에너지
소비 효율 등급 표시제를 시행한다. ──────────────────────────── (　　　)

3 지구촌 환경 문제를 해결하기 위한 개인의 노력으로 알맞은 것을 고르세요. ( )

① 친환경 소재로 제품을 개발한다.

② 환경 보호와 관련된 국제 협약을 맺는다.

③ 환경을 생각하는 정책과 법령을 마련한다.

④ 친환경 산업이 성장할 수 있도록 지원한다.

⑤ 일회용품 사용을 줄이고, 사용하지 않는 조명을 끈다.

4 <보기>의 ㉠~㉤에 들어갈 말로 알맞지 <u>않은</u> 것을 고르세요. ( )

─── 〈보기〉 ───

지구 온난화 해결을 위한 노력

　지구 온난화는 (㉠) 현상을 말합니다. 지구 온난화는 이산화 탄소와 같은 온실가스 때문에 나타나는데, 온실가스는 석유나 석탄 같은 화석 연료의 사용과 산림 파괴 등으로 인해 증가합니다. 지구 온난화는 여러 환경 문제를 일으키므로 우리는 온실가스 배출량을 줄여 지구 온난화 문제를 해결하기 위해 노력해야 합니다.

〈 ㉡ 〉	〈 ㉢ 〉
실내 적정 온도를 유지해 에너지를 절약한다.	에너지 효율이 높은 가전제품을 생산한다.
〈국가의 노력〉 (㉣)	〈세계의 노력〉 (㉤)

① ㉠: 지구 표면의 평균 기온이 높아지는

② ㉡: 개인의 노력

③ ㉢: 기업의 노력

④ ㉣: 온실가스 배출량을 규제하는 정책을 마련한다.

⑤ ㉤: 온실가스 배출이 적은 제품을 만들어 환경을 생각하는 생산을 한다.

5 다음 구조도의 빈칸에 들어갈 알맞은 어휘를 쓰세요.

지구촌 환경 문제와 해결하려는 노력

지구촌 환경 문제	환경 문제 해결을 위한 노력
- ☐☐ ☐☐☐ : 해수면이 높아짐. - 열대 우림 파괴: 동식물의 생활 터전이 줄어듦. - 해양 쓰레기 문제: 해양 생태계를 파괴함. - ☐☐ ☐☐ : 사람들의 건강을 해침.	- 개인의 노력: 자원과 ☐☐☐ 절약하기 - 기업의 노력: 친환경 제품 생산하기 - 국가의 노력: 환경 보호 정책과 법령 마련하기 - 세계의 노력: 환경 보호와 관련된 국제 협약 맺기

6 열대우림 파괴로 인해 나타나는 어려움을 쓰세요.

	해양 쓰레기	열대 우림 파괴
지구촌 환경 문제		
원인	사람들이 버린 쓰레기가 바다에 쌓입니다.	농경지를 만들거나 도시를 개발하기 위해 나무를 무분별하게 벱니다.
나타나는 어려움	바닷물이 오염되고 해양 생물이 병듭니다.	

✦ 개념

▼ 그림으로 중요한 개념을 만나 보세요.

지속 가능한 미래를 위협하는 문제

생산과 소비 과정에서 일어나는 환경 문제

일회용품이 썩는 데 걸리는 시간

빈곤과 기아 문제

→ 빈곤: 가난해서 생활하기 어려운 것

→ 기아: 먹을 것이 없어 굶주리는 것

문화적 편견과 차별 문제

✦ 어휘

▼ 개념에서 살펴본 어휘를 문장의 빈칸에 써 보세요.

지구촌에서는 여러 가지 문제가 나타나 ⬚⬚⬚ 를 위협해요.

생산과 소비를 하는 과정에서 ⬚ **문제**가 일어나고 있어요.

전쟁과 자연재해 등으로 ⬚ **과** ⬚ **문제**가 심각해지고 있어요.

다른 문화에 대한 ⬚ **과** ⬚ **문제**가 나타나고 있어요.

지구촌 문제를 해결하기 위해 책임감을 갖고 노력할 때
지속 가능한 미래를 이룰 수 있어요.

지속 가능한 미래를 위한 노력

친환경적 생산과 소비 활동

친환경 제품을
생산하고 소비하기

빈곤과 기아 퇴치

구호 물품을 전달하고
농업 기술을 가르치기

문화적 편견과 차별 해소

문화의 다양성을
존중하는 태도 갖기

지속 가능한 미래를 위해서는 우리 모두가 책임감을 갖고 노력해야 해요.

　　　　　　　생산과 소비 활동을 해서 자원을 절약하고 환경을 보호해요.

구호 물품을 보내고 농업 기술을 가르쳐 **빈곤과 기아**를 　　　 해요.

문화의 다양성을 존중해 **문화적 편견과 차별**을 　　　 해요.

지속 가능한 미래를 위해 어떤 노력을 해야 할까요?

▼ 다음 글을 읽고 물음에 답하세요. (1~6)

❶ 오늘날 지구촌에는 생산과 소비 과정에서 일어나는 환경 문제, 빈곤과 기아 문제, 문화적 편견과 차별 문제 등 여러 가지 문제가 나타나 지속 가능한 미래를 위협하고 있어요. 지속 가능한 미래란 오늘날의 발전뿐만 아니라 미래의 환경과 발전을 위해 사람들이 책임감 있게 행동해 지구촌의 지속 가능성을 높여가는 것을 말해요.

❷ 지속 가능한 미래를 이루려면 친환경적 생산과 소비를 해야 해요. 자원을 낭비하거나 환경을 파괴하는 생산과 소비 활동 대신, 친환경적 생산과 소비 활동으로 생산과 소비 과정에서 일어나는 환경 문제를 해결할 수 있어요. 기업은 환경 오염 물질을 적게 배출하는 자동차를 생산하거나, 플라스틱 대신 쉽게 분해되는 소재를 개발해 제품을 만들어요. 개인은 이러한 친환경 제품을 소비함으로써 환경을 보호할 수 있지요. 화학 물질을 사용하지 않고 키운 친환경 농산물이나 가까운 지역에서 생산한 식품을 사 먹는 것도 환경을 지키는 데 도움이 돼요. 가까운 곳에서 생산한 식품은 먼 곳에서 생산한 식품보다 운반 과정에서 온실가스가 적게 발생하기 때문이에요.

❸ 빈곤과 기아는 모든 사람이 행복하게 사는 지구촌을 만들기 위해 해결해야 하는 과제예요. 오늘날 지구촌에는 전쟁이나 자연재해로 인해 빈곤과 기아에 시달리는 지역이 있어요. 빈곤 지역의 사람들은 가족의 생계를 위해 아이들이 학교 대신 일터로 향하기도 하고, 기아로 고통받는 사람들은 영양을 제대로 공급받지 못해 영양실조에 걸리기도 해요. 이러한 사람들을 돕고자 지구촌 사람들은 구호 물품을 보내고, 식량 문제를 해결하여 자립할 수 있도록 농작물을 보급하거나 농업 기술을 가르치기도 해요. 또 학교를 짓거나 교육 봉사를 하여 교육 여건도 개선하기 위해 노력하고 있어요.

❹ 또 문화적 편견과 차별을 해소할 때 지속 가능한 미래로 발전할 수 있어요. 어느 한쪽의 문화만 옳다고 생각하는 것은 문화적 편견이며, 문화적 편견을 갖고 구별하여 대하는 것은 문화적 차별이에요. 지구촌 사람들은 문화적 편견과 차별을 해소하기 위해 다양한 문화를 체험할 수 있는 행사를 열고, 문화의 다양성을 존중하는 다문화 교육을 해요. 국가에서는 다양한 문화의 사람들이 차별 없이 살아갈 수 있도록 제도를 마련하고, 문화적 편견과 차별을 겪는 사람들을 위한 상담을 지원해요.

❺ 지구촌 문제가 구성원 모두의 문제임을 알고, 책임감을 갖고 해결하고자 노력할 때 지속 가능한 미래를 이룰 수 있어요. 이러한 생각과 태도를 지닌 사람을 세계 시민이라고 해요. 지속 가능한 미래를 위해 세계 시민으로 살아가는 자세가 필요해요.

• **영양실조** 빈혈, 부종, 느린 맥박 등 영양소가 부족해서 일어나는 신체의 이상 상태.

1 문단별 중심 문장의 빈칸에 들어갈 알맞은 핵심 어휘를 찾아 √표 하세요.

> ### 지속 가능한 미래를 위해 어떤 노력을 해야 할까요?

❶문단 환경 문제, 빈곤과 기아 문제, 문화적 편견과 차별 문제 등이 (   )을/를 위협하고 있다.

☐ 생산과 소비 과정
☐ 지속 가능한 미래

❷문단 생산과 소비 과정에서 일어나는 환경 문제를 해결하기 위해 (   ) 생산과 소비를 한다.

☐ 경제적
☐ 친환경적

❸문단 (   ) 문제를 해결하기 위해 구호 물품을 보내거나, 농업 기술을 가르쳐 자립을 돕는다.

☐ 빈곤과 기아
☐ 문화적 편견과 차별

❹문단 (   ) 문제를 해소하기 위해 문화의 다양성을 존중하는 체험이나 교육 등을 한다.

☐ 빈곤과 기아
☐ 문화적 편견과 차별

❺문단 지속 가능한 미래를 위해서는 (   )으로서 살아가는 자세가 필요하다.

☐ 세계 시민
☐ 지구촌 구성원

2 이 글을 읽고 알 수 있는 내용으로 알맞은 것에는 ○표, 알맞지 않은 것에는 ×표 하세요.

(1) 어느 한쪽의 문화만 옳다고 생각하는 것을 문화적 차별이라고 한다. ────── (   )

(2) 가까운 곳에서 생산한 식품을 소비하면 환경을 지키는 데 도움이 된다. ─── (   )

(3) 빈곤과 기아로 인해 아이들이 제대로 교육을 받지 못하거나 영양실조에 걸리기도 한다. ──────────────────── (   )

(4) 환경 오염 물질을 적게 배출하는 자동차를 생산하는 것은 빈곤과 기아 문제를 해소하기 위한 노력이다. ────── (   )

3 친환경적 생산과 소비 활동의 예로 알맞지 <u>않은</u> 것을 고르세요. ( )

① 환경 오염 물질이 적게 나오는 자동차를 생산한다.

② 농약과 화학 비료를 쓰지 않고 키운 친환경 농산물을 산다.

③ 우리나라에서 멀리 떨어진 나라에서 수입한 식품을 사 먹는다.

④ 운반 과정에서 온실가스가 적게 발생하는 지역 농산물을 구입한다.

⑤ 플라스틱 대신 자연에서 쉽게 분해되는 소재로 만든 제품을 생산한다.

4 <보기>의 문제와 이를 해결하기 위한 노력으로 알맞지 <u>않은</u> 것을 고르세요. ( )

────── 〈보기〉 ──────

(가)
제가 믿는 이슬람교에서는 돼지고기를 먹지 말도록 금지하고 있어요. 그런데 사람들이 먹어 보라고 권하거나, 저를 이상하게 볼 때가 있어요.

(나)
저는 벽돌 공장에서 일해요. 친구들처럼 학교에 가고 싶지만, 병든 부모님을 대신해 제가 일해서 가난한 집안 생계를 책임져야 해요.

① (가)는 문화적 편견과 차별 문제에 해당한다.

② (나)는 생산과 소비 과정에서 일어나는 환경 문제에 해당한다.

③ (가) 문제를 해결하기 위해 국가에서는 문화적 편견과 차별을 없애기 위한 제도를 마련한다.

④ (나) 문제를 해결하기 위해 사람들은 구호 물품을 보내거나 학교를 짓는 등의 노력을 한다.

⑤ (가)와 (나) 문제를 해결하기 위해 지구촌 구성원 모두가 함께 세계 시민의 자세로 노력해야 한다.

5 다음 구조도의 빈칸에 들어갈 알맞은 어휘를 쓰세요.

☐☐☐ 한 미래를 위한 노력

친환경적 생산과 소비	빈곤과 기아 퇴치	문화적 편견과 차별 해소
– 기업: ☐☐☐ 제품을 생산한다. – 개인: 친환경 제품을 소비한다.	– 구호 물품을 보낸다. – 농작물을 보급하거나 농업 기술을 가르친다. – 학교를 짓거나 교육 봉사를 한다.	– 문화 체험 행사, 교육, 캠페인 등을 한다. – 국가에서는 제도를 마련하고, 상담을 지원한다.

지속 가능한 미래를 위해 ☐☐☐ 으로 살아가는 자세가 필요하다.

6 다음 주장하는 글에 지속 가능한 미래가 무엇인지 쓰세요.

──── 〈조건〉 ────
– 주어진 어휘를 모두 넣어 쓰세요.
(미래) (지구촌) (지속 가능성)

지속 가능한 미래를 만드는 세계 시민이 됩시다!

지구촌 곳곳에서 일어나는 다양한 문제가 인류의 지속 가능한 미래를 위협하고 있습니다. 지속 가능한 미래란 _____

_____

_____ 말합니다.

지속 가능한 미래를 만들려면 세계 시민으로서의 자세를 지니고 행동해야 합니다. 지구촌에서 발생하는 문제가 우리 모두의 문제임을 알고 책임감을 갖고 해결하려고 노력하는 자세를 가집시다.

▼ 다음 글을 읽고 물음에 답하세요. (1~3)

(가) 　시리아는 긴 내전으로 고통받고 있어요. 2011년, 대통령의 오랜 독재에 반대하는 시위가 일어나자 정부는 시위를 무력으로 진압했어요. 이에 시민들은 반정부군을 만들어 정부군에 맞섰어요. 이렇게 시작된 시리아 내전은 종교 갈등으로 번져 지금까지도 계속되고 있어요. 전쟁으로 많은 시리아인이 살 곳을 잃고 난민으로 떠돌게 되었어요.

(나) 북극해는 미국, 캐나다, 러시아, 덴마크, 노르웨이 등에 둘러싸인 바다예요. 북극해에는 원유와 천연가스가 풍부하게 매장되어 있는데, 지구 온난화로 인해 빙하가 녹으면서 이러한 지하자원을 개발하는 것이 가능해졌어요. 게다가 북극해는 선박이 지나다니는 항로로도 중요한 위치에 있어요. 이러한 이점 때문에 주변 나라들은 북극해가 자기 나라의 영역이라고 주장하며 갈등을 빚고 있어요.

1 (가), (나)의 갈등 원인으로 알맞은 것을 두 가지 고르세요. (　, 　)

① (가)와 (나) 모두 영토로 인한 분쟁이다.
② (가)는 영토와 자원으로 인한 분쟁이다.
③ (나)는 종교 갈등이 영토 갈등으로 확대된 것이다.
④ (나)는 경제적 가치가 높은 자원을 차지하기 위한 분쟁이다.
⑤ (가)는 독재 반대 시위로 인한 갈등이 종교 갈등으로 번진 것이다.

2 (다)를 바탕으로 할 때, 지구촌 갈등을 해결하기 위한 노력으로 알맞지 않은 것을 고르세요. (　)

① 우리나라는 국제기구에 가입하여 국제기구 활동에 참여하고 있다.
② 국제기구, 국가, 비정부 기구, 개인 등 다양한 주체가 힘을 모으고 있다.
③ 개인들도 다양한 분야에서 지구촌의 평화와 발전을 위해 노력하고 있다.
④ 여러 나라가 모여 국제기구를 만들어서 지구촌 평화를 위한 활동을 한다.
⑤ 각 나라에서 비정부 기구를 만들어 지구촌 평화를 위한 활동을 하도록 지원하고 있다.

(다)　　지구촌 갈등을 해결하고 평화로운 지구촌을 이루기 위해 다양한 주체가 힘을 모으고 있어요. 지구촌의 여러 문제를 협력해서 해결하기 위해 여러 나라가 모여 국제기구를 만들고 지구촌 평화를 위해 노력해요. 각 국가에서도 세계 평화를 지키기 위해 노력해요. 우리나라도 국제기구에 가입해 활동에 참여하고, 국제 연합 평화 유지군의 일원으로 분쟁 지역에 군대를 파견해 지구촌 갈등을 멈추거나 피해를 복구하도록 돕고 있어요. 비정부 기구도 지구촌 평화를 위한 활동을 펼치고 있어요. 비정부 기구는 지구촌의 여러 문제를 해결하고자 뜻을 같이하는 사람들이 모여 만든 단체로, 환경 보전, 빈곤 퇴치, 인권 보호 등을 위해 국경을 넘어 활동하고 있어요. 개인들도 지구촌의 평화와 발전을 위해 다양한 분야에서 노력하고 있어요.

(라)　　오늘날 지구촌에는 생산과 소비 과정에서 일어나는 환경 문제, 빈곤과 기아 문제, 문화적 편견과 차별 문제 등이 지속 가능한 미래를 위협하고 있어요. 지속 가능한 미래를 만들려면 지구촌에서 발생하는 문제가 우리 모두의 문제임을 알고 책임감을 갖고 해결하려고 노력하는 세계 시민의 자세가 필요해요.

3 (다)와 (라)를 바탕으로 <보기>의 지구촌 문제를 이해한 것으로 알맞지 <u>않은</u> 것을 고르세요. (　　　)

─── 〈보기〉 ───

　　시리아 내전으로 인해 1,200만 명의 난민이 고난을 겪고 있습니다. 시리아 인접국인 튀르키예, 레바논을 비롯하여 전 세계로 흩어진 난민들은 길어진 피난 생활로 인해 극심한 빈곤과 기아에 시달리고 있습니다. 난민에 대한 문화적 차별 또한 심해지고 있으며, 시리아 난민 아동들은 학교에 가지 못하고 가족을 먹여 살리기 위해 일을 하는 경우가 많습니다.

('유엔 난민 기구' 2021년 자료 기준)

① 빈곤 퇴치를 위해 활동하는 비정부 기구에서 도움을 줄 수 있다.
② 시리아 난민 문제를 해결하기 위해서 세계 시민의 자세가 필요하다.
③ 시리아 난민 문제는 시리아와 주변 나라에서 자체적으로 해결해야 한다.
④ 우리나라는 국제 연합 평화 유지군을 파견하여 내전 피해 복구를 도울 수 있다.
⑤ 시리아 난민은 빈곤과 기아뿐 아니라 문화적 편견과 차별 문제로도 고통받고 있다.

▼ 문장의 빈칸에 들어갈 알맞은 어휘를 보기 에서 골라 쓰세요. (1~6)

01 우리 땅 독도는 어떤 곳일까요?　　　보기 **동도 / 영토 / 영해 / 울릉도**

(1) 독도는 (　　　　　)에서 동남쪽으로 약 87.4km 떨어져 있다.

(2) 독도는 우리나라 (　　　　　)를 정하는 기준이 될 뿐 아니라 환경적 · 경제적 · 군사적으로도 중요한 가치를 지닌다.

02 남북통일을 위해 어떤 노력을 하고 있을까요?　　　보기 **개성 공단 / 남북통일 / 분단 / 이산가족 상봉**

(1) 남북한은 평화적으로 (　　　　　)을 이루기 위해 1970년대부터 정치적 노력을 해 왔다.

(2) 남북한은 금강산 관광 사업, (　　　　　) 가동 등 경제적 노력을 해 왔다.

03 지구촌에서는 어떤 갈등이 일어날까요?　　　보기 **시리아 / 자원 / 종교 / 팔레스타인**

(1) 이스라엘과 팔레스타인은 종교가 다른 두 민족이 (　　　　　) 지역을 차지하기 위해 갈등하고 있다.

(2) 인도와 파키스탄은 카슈미르 지역을 두고 (　　　　　)(으)로 인한 갈등을 겪고 있다.

04 지구촌 평화와 발전을 위해 어떤 노력을 하고 있을까요?　　　보기 **국가 / 국제기구 / 기업 / 비정부 기구**

(1) 국제 연합은 지구촌의 평화를 유지하고자 여러 나라가 모여 만든 (　　　　　)이다.

(2) 뜻을 같이하는 사람들이 모여 만든 (　　　　　)은/는 지구촌 문제를 해결하고자 국경을 넘어 활동하고 있다.

05 지구촌 환경 문제를 어떻게 해결할 수 있을까요?　　　보기 **국가 / 기업 / 소비 / 환경**

(1) 지구촌에서는 지구 온난화, 열대 우림 파괴, 해양 쓰레기, 대기 오염 등 다양한 (　　　　　) 문제가 나타나고 있다.

(2) (　　　　　)은/는 친환경 제품을 만드는 등 환경을 생각하는 생산을 한다.

06 지속 가능한 미래를 위해 어떤 노력을 해야 할까요?　　　보기 **국민 / 빈곤과 기아 / 세계 시민 / 환경**

(1) (　　　　　) 문제를 해결하기 위해 농업 기술을 가르쳐 자립을 돕는다.

(2) 지속 가능한 미래를 위해서는 (　　　　　)으로서 살아가는 자세가 필요하다.

▼ 각 개념을 잘 이해했으면 □에 √표 하세요.

우리나라 민주주의의 발전 과정

4·19 혁명

5·18 민주화 운동

6월 민주 항쟁

우리나라 민주주의는 민주화를 요구한 시민들의 참여로 발전했다. □

〈사회 6-1〉 1. 우리나라의 정치 발전

우리나라의 정치 발전

민주적 의사 결정의 원리

대화와 토론

양보와 타협

다수결의 원칙

소수 의견 존중

일상생활에서 민주적 의사 결정의 원리에 따라 문제를 해결할 수 있다. □

민주 정치의 원리

국민 주권의 원리

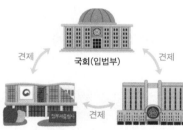
권력 분립의 원리

민주주의 국가에서는 국민 주권과 권력 분립의 원리를 따른다. □

앞 학년 연계 단원 개념 확인
〈5-1〉 2. 인권 존중과 정의로운 사회

인권 사람이 사람답게 살아가기 위해 당연히 누려야 할 기본적인 권리
헌법 모든 법의 바탕이 되는 우리나라 최고의 법
의사 결정 문제 해결을 위해 가장 적합한 대안을 고르는 과정

📎 **중등 사회 연계**

〈중학교 사회 ①〉 9. 정치 생활과 민주주의
           10. 정치 과정과 시민 참여
〈중학교 사회 ②〉 2. 헌법과 국가 기관

▼ 각 개념을 잘 이해했으면 □에 √표 하세요.

경제 주체의 역할

소비 활동을 하는 **가계**   생산 활동을 하는 **기업**

가계와 기업은 물건이나 서비스를 소비하거나 생산하며 경제 활동을 한다. □

<사회 6-1> 2. 우리나라의 경제 발전

우리나라의 경제 발전

우리나라의 경제 성장 과정

1950년대 이전 농업 중심	1950년대 이후 소비재 산업	1960년대 경공업
□	□	□

앞 학년 연계 단원 개념 확인
<4-2> 2. 필요한 것의 생산과 교환

생산 생활에 필요한 것을 만들거나 생활을 편리하고 즐겁게 해 주는 활동

소비 생산한 것을 사서 쓰는 활동

시장 생활에 필요한 여러 가지 상품을 사고파는 곳

현명한 선택 여러 가지를 고려해서 알맞게 골라 자원을 절약하고 만족감을 얻는 것

다른 나라와의 경제 교류

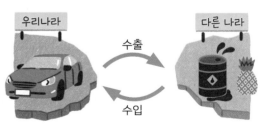

우리나라   다른 나라

수출

수입

각 나라는 더 잘 만들 수 있는 것을 생산하여 교류한다. □

공정한 경제활동

정부

시민 단체

정부와 시민 단체는 공정한 경제 활동이 이뤄지도록 노력한다. ☐

▶ 1970년대
중화학 공업
☐

▶ 1980년대
자동차, 기계, 전자 산업
☐

▶ 1990년대
반도체, 정보 통신 산업
☐

▶ 2000년대 이후
첨단 산업, 서비스업
☐

경제 교류에 따른 문제점

자유로운 무역으로 인해
경쟁력이 낮은 산업은
어려움을 겪는다. ☐

자기 나라 경제 보호로 인해
무역 갈등이
생긴다. ☐

📎 **중등 사회 연계**

<중학교 사회 ②>   3. 경제생활과 선택
　　　　　　　　　 5. 국민 경제와 국제 거래

▼ 각 개념을 잘 이해했으면 ☐에 ✓표 하세요.

<사회 6-2> 1. 세계 여러 나라의 자연과 문화

세계의 여러 나라들

세계의 기후

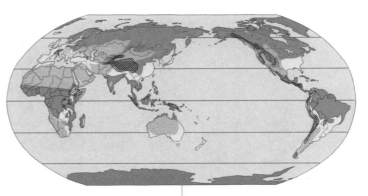

열대 기후
건조 기후
온대 기후
냉대 기후
한대 기후
고산 기후

열대 기후

일 년 내내 덥고
비가 많다. ☐

건조 기후

비가 거의 오지
않는다. ☐

온대 기후

사계절이
뚜렷하다. ☐

냉대 기후

겨울이 춥고
길다. ☐

한대 기후

일 년 내내
매우 춥다. ☐

고산 기후

서늘한 날씨가
이어진다. ☐

앞 학년 연계 단원 개념 확인

<5-1> 1. 국토와 우리 생활

기후 한 지역에서 여러 해에 걸쳐 나타난 기온, 비,
바람 등 대기의 평균적인 상태

영토 나라의 주권이 미치는 땅의 영역
영해 영토 주변의 바다
영공 영토와 영해 위의 하늘

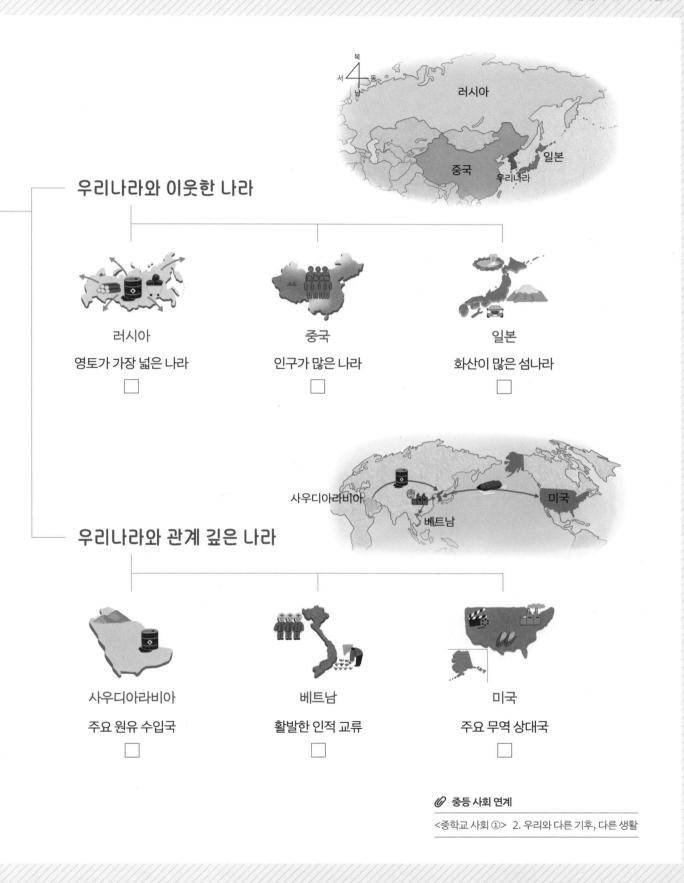

우리나라와 이웃한 나라

러시아
영토가 가장 넓은 나라
☐

중국
인구가 많은 나라
☐

일본
화산이 많은 섬나라
☐

우리나라와 관계 깊은 나라

사우디아라비아
주요 원유 수입국
☐

베트남
활발한 인적 교류
☐

미국
주요 무역 상대국
☐

중등 사회 연계

〈중학교 사회 ①〉 2. 우리와 다른 기후, 다른 생활

▼ 각 개념을 잘 이해했으면 □에 ✓표 하세요.

소중한 영토 독도

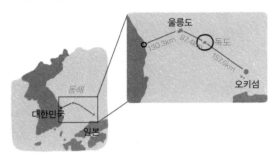

독도는 우리나라 영토의 동쪽 끝에 위치한 섬이다. □

<사회 6-2> 2. 통일 한국의 미래와 지구촌의 평화

한반도와
지구촌

지구촌 갈등

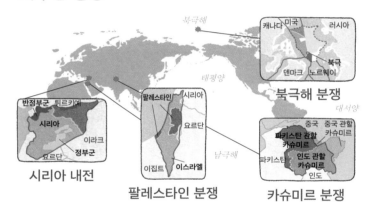

시리아 내전

팔레스타인 분쟁

카슈미르 분쟁

북극해 분쟁

영토, 종교, 자원 등 다양한 원인으로 지구촌 갈등이 일어난다. □

앞 학년 연계 단원 개념 확인
<4-2> 3. 사회 변화와 문화의 다양성

세계화 세계 여러 나라가 다양한
분야에서 교류하고 가까워지는 것

편견 한쪽으로 치우친 의견이나
생각

차별 편견에 따
라 대상을 구별
하고 다르게 대
우하는 것

지구촌 문제

환경 문제   빈곤과 기아 문제   문화적 편견과 차별 문제

여러 가지 지구촌 문제가 지속 가능한 미래를 위협하고 있다. □

통일 한국을 위한 노력

정치적 노력

경제적 노력

사회·문화적 노력

남북통일을 위해 다양한 분야에서 교류와 협력을 이어가고 있다. ☐

지구촌 평화를 위한 노력

국제기구

국가

비정부 기구

개인

지구촌 평화를 이루고자 다양한 주체들이 노력하고 있다. ☐

지속 가능한 미래

세계 시민의 자세로 문제 해결에 나설 때
지속 가능한 미래를 이룰 수 있다. ☐

📎 **중등 사회 연계**

<중학교 사회 ①> 6. 자원을 둘러싼 경쟁과 갈등
<중학교 사회 ②> 10. 환경 문제와 지속 가능한 환경

자료 출처

1단원

본책 33쪽   갈릴레이(셔터스톡)

본책 38쪽   선거 팸플릿(중앙선거관리위원회) / 촛불 집회(위키피디아)

3단원

본책 112쪽   파푸아 뉴기니의 고상 가옥(셔터스톡) / 캐나다의 통나무집(셔터스톡) / 몽골의 게르(셔터스톡)

본책 125쪽   미국의 밀(셔터스톡) / 사우디아라비아 내무성 본청 건물(셔터스톡)

본책 127쪽   건조 기후의 초원 지역(셔터스톡) / 한대 기후 지역(셔터스톡)

4단원

본책 134쪽   삼국접양지도(서울역사 아카이브)

본책 140쪽   금강산(셔터스톡) / 개성공업지구(위키피디아) / 남북정상회담(위키피디아)

- 본책에 수록된 사진 중 서울역사 아카이브 출처의 사진은 공공누리 제1유형으로 개방한 저작물입니다.

- 본책에 수록된 사진 중 위키피디아 출처의 사진은 저작권이 소멸되었거나 자유 이용이 가능한 퍼블릭 도메인 자료입니다.

- 본책에 수록된 일러스트는 발행사에서 저작권을 가지고 있는 자료이거나 Shutterstock.com의 자료입니다.

- 정답과 해설에 수록된 본책 축소본은 위의 출처와 동일합니다.

일러두기

- 본 교재에 있는 뜻풀이 일부는 국립국어원의 <표준국어대사전>과 <한국어기초사전>을 인용하였습니다.

- 맞춤법과 띄어쓰기는 국립국어원의 <표준국어대사전>을 기준으로 삼되, 초등학교 교과서 표기를 참고하였습니다.

독해와 교과 공부를 한번에 끝내는 교과 독해

사회도 독해가 먼저다

초등 6 학년

정답과 해설

✦ 어휘

이 승 만 정부는 옳지 못한 방법으로 헌법을 바꾸어 **독재** 정치를 이어 갔어요.

이승만 정부는 독재를 이어 가려고 3 · 1 5 부 정 선 거 를 저질렀어요.

학생과 시민들이 부정 선거와 독재에 맞서며 4 · 1 9 혁 명 을 일으켰어요.

4 · 19 혁명의 결과 **이승만**이 대통령 자리에서 물러났고, 새 정부가 세워졌어요.

군사 정변으로 정권을 잡은 박 정 희 는 **독재** 정치를 일삼다가 사망했어요.

이후 전두환을 중심으로 군 인 들이 정변으로 권력을 잡고 독재를 이어 갔어요.

민주화 요구 시위가 일어나자 군인 세력은 계 엄 령 을 확대하며 탄압했어요.

광주 시민들은 5 · 1 8 민 주 화 운 동 으로 군사 독재에 맞서 싸웠어요.

- -

✦ 독해

1. ❶ 문단 이승만　　❷ 문단 4·19 혁명

❸ 문단 독재　　❹ 문단 5·18 민주화 운동

2. (1) ○　(2) ○　(3) ✕　(4) ✕

✕표 답 풀이

(3) 5·18 민주화 운동에서 계엄군에 맞서 광주 시민이 시민군을 만들어 저항했다.

(4) 박정희는 독재 정치를 펼치다가, 유신 헌법 철폐와 독재 정치 반대를 외치는 시위가 일어나는 혼란스러운 상황에서 1979년 부하의 총에 맞아 사망했다.

3. ④

오답 풀이

①, ②, ③ (가) 시기 이후에 일어난 사건이다. 민주화를 외치는 시위를 이승만 정부가 폭력으로 진압했으나, 결국 이승만이 대통령 자리에서 물러나고 3·15 부정 선거는 무효가 되었다.

⑤ (가) 시기 이전에 있었던 사건이다. 이승만 정부의 부정 선거를 계기로 이에 항의하는 시위가 일어났다.

4. ③

정답 풀이

③ 전두환을 중심으로 한 군인 세력은 광주에서 시위가 일어나자 시위를 진압한다는 구실로 계엄군을 광주에 보냈다. 그러자 계엄군의 폭력적 진압에 맞서 광주 시민들은 시민군을 만들어 저항하였다.

5.

우리나라의 민주주의 발전 과정	
4·19 혁명	**5·1 8 민주화 운동**
이승만이 헌법을 바꿔 가며 세 번에 걸쳐 대통령이 됨.	전두환과 군인들이 정변을 일으켜 정권을 잡음.
↓	↓
이승만 정부가 독재 정치를 이어 가려 3·15 부 정 선 거 를 치름.	민주화 시위에 계엄령을 확대함.
↓	↓
부정 선거와 독재 정치에 항의하며 시민과 학생이 시위를 벌임.	광주에서 민주화 요구 시위가 커지자 계엄군을 보냄.
↓	↓
이승만이 물러나고 부정 선거는 무효가 됨.	광 주 시민이 시민군을 만들어 계엄군에 저항했지만 크게 희생됨.

6.

대한민국 헌법 전문	〈조건〉
유구한 역사와 전통에 빛나는 우리 대한 국민은 3·1 운동으로 건립된 대한민국 임시 정부의 법통과 불의에 항거한 4·19 민주 이념을 계승하고…….	1. 주어진 어휘를 모두 넣어 쓰세요. (독재 정권) (민주주의) (민주화) (시민) 2. '4·19 혁명은 ~ 운동입니다.'의 형식에 맞게 한 문장으로 쓰세요.

4·19 혁명은 시민과 학생의 힘으로 독재 정권을 무너뜨리고 민주주의를 지켜 낸 최초의 민주화 운동입니다.

✦ 어휘

전두환 은 5·18 민주화 운동을 강제로 진압하고 간선제로 대통령이 되었어요.

전두환은 대통령 직선제 를 거부하고 민주화 운동을 탄압했어요.

독재를 반대하며 직선제를 요구하는 6월 민주 항쟁 이 일어났어요.

6월 민주 항쟁의 결과 6·29 민주화 선언 이 발표됐어요.

6월 민주 항쟁 이후 민주적 제도와 질서가 마련되면서 사회는 민주화되었어요.

6월 민주 항쟁 이후 대통령 직선제 가 시행되었어요.

6월 민주 항쟁 이후 지방 자치제 가 시행되었어요.

6월 민주 항쟁 이후 시민 참여 가 확대되었어요.

✦ 독해

1. ❶ 문단 **전두환**   ❷ 문단 **6월 민주 항쟁**
　　 ❸ 문단 **직선제**   ❹ 문단 **지방 자치제**

2. (1) ○　(2) ○　(3) ○　(4) ✕

✕표 답 풀이

(4) 전두환은 간선제로 대통령이 된 후 언론을 통제하고 민주화 운동을 탄압하였으며, 대통령 직선제를 비롯한 국민의 민주화 요구를 받아들이지 않았다.

3. ⑤

정답 풀이

⑤ 간선제로 대통령이 된 전두환은 언론을 통제하고 민주화 운동을 탄압했다.(ⓞ) 그러다 민주화 운동에 참여했던 대학생 박종철이 경찰의 고문으로 사망하는 일이 벌어졌다.(ⓒ) 이로 인해 시민들의 분노가 커지고 전국 각지에서 민주주의를 요구하는 시위가 이어졌다. 하지만 전두환 정부는 국민의 요구를 받아들이지 않겠다고 발표했다.(ⓛ) 이후 시민들이 격렬하게 항쟁했고 이 과정에서 대학생 이한열이 경찰이 쏜 최루탄에 맞아 사망했다.(ⓣ) 시위가 계속되자 6월 29일 결국 여당의 대통령 후보였던 노태우가 민주화 요구를 받아들이겠다고 발표했다.(ⓡ)

4. ④

정답 풀이

④ 6월 민주 항쟁 이후 대통령 선거 제도가 간선제에서 직선제로 바뀌었으며, 선거인단이 아닌 국민이 직접 대통령을 선출하게 되었다.

5.

우리나라의 민주주의 발전 과정	
6월 민주 항쟁	**6월 민주 항쟁 이후의 민주화**
간선제로 대통령이 된 전두환은 민주화 운동을 탄압함. ↓ 대통령 직선제 요구를 거부함. ↓ 1987년 6월 민주 항쟁이 일어남. ↓ 국민의 민주화 요구를 받아들이는 6·29 민주화 선언 이 발표됨.	- 대통령 선거 제도가 간선제에서 직선제 로 바뀜. - 지방 자치제 가 다시 시행됨. - 시민의 정치 참여가 확대됨.

6.

 시민들은 선거나 투표에 참여함으로써 자신의 의견을 나타냅니다.

 시민 단체를 만들어 사회 공동의 문제 해결에 나서기도 합니다.

6월 민주 항쟁 이후 국민이 정치에 참여할 수 있는 자유와 권리가 보장되면서 시민의 정치 참여가 확대되었습니다.

✦ 어휘

민주주의의 기본 정신으로는 인간의 존엄성, 자유, 평등이 있어요.

인간은 태어나면서부터 　인 간 의 　존 엄 성　을 인정받아요.

민주주의는 자신의 생각대로 선택하고 행동할 수 있는 　자 유　를 보장해요.

민주주의는 누구나 차별받지 않도록 　평 등　을 보장해요.

우리는 일상생활에서 다양한 방법으로 　민 주 주 의　를 실천할 수 있어요.

가정에서는 **가족회의**, 학교에서는 　학 급 회 의　로 문제를 해결해요.

지역에서 주민들이 　공 청 회　에 참여하여 지역 문제를 해결해요.

시민들이 　선 거　에 참여하여 지역이나 나라를 위해 일할 대표를 뽑아요.

✦ 독해

1.　❶ 문단 **정치**　　❷ 문단 **민주주의**
　　　❸ 문단 **자유**　　❹ 문단 **기본 정신**

2.　(1) ○　(2) ○　(3) ○　(4) ✕

✕표 답풀이

(4) 국가나 다른 사람에게 얽매이지 않고 자신의 생각에 따라 선택하고 행동할 수 있는 것을 자유라고 한다. 평등이란 모든 사람이 성별, 인종, 종교, 재산 등을 이유로 차별받지 않고 똑같이 대우받는 것을 말한다.

3.　③

정답풀이

③ 학급 회장을 선생님 마음에 드는 학생으로 정하여 학생들에게 일방적으로 따르도록 하는 것은 민주주의를 실천하는 모습이 아니다. 학급의 여러 문제를 학생들 스스로 결정할 수 있어야 민주주의를 실천하는 것이다.

4.　④

정답풀이

④ ㉠ '인간의 존엄성'을 실현하기 위해서는 ㉡ '자유'와 ㉢ '평등'이 보장되어야 한다.

오답풀이

① ㉠에 들어갈 말은 '인간의 존엄성'이다.
② ㉡에 들어갈 말은 '자유'이다.
③ ㉢에 들어갈 말은 '평등'이다.
⑤ 민주주의의 기본 정신은 ㉠ '인간의 존엄성', ㉡ '자유', ㉢ '평등' 모두 해당한다.

5.

민주주의
모든 국민이 나라의 주인으로서 권리를 지니고 행사하는 정치 형태이자 일상생활 속 갈등을 대화와 타협으로 해결하려는 생활 방식

민주주의의 기본 정신	생활 속 　민 주 주 의
- 인간의 존엄성, 자유, 평등 - 인간의 존엄성을 실현하기 위해 　자 유　와 　평 등　을 보장함. ↓ 민주주의는 인간의 존엄성과 자유, 평등을 누릴 수 있는 바탕이라는 점에서 중요함.	- 가정: 가족회의 등 - 학교: 학급 회의 등 - 지역: 공청회, 주민 회의 등 - 각종 선거 ↓ 국가뿐 아니라 가정, 학교, 지역 등 생활 속에서 민주주의를 실천함.

6.　(예시 답안)

〈조건〉	〈예〉
1. 가정, 학교, 지역 등에서 민주주의를 실천하는 모습을 〈예〉와 같이 쓰세요. 2. 한 문장으로 쓰세요.	집에서 가족 구성원 모두가 의논해서 집안일을 나누어 맡기로 했습니다.

학교에서 회의를 하여 급식을 먹는 순서를 정했습니다. / 지역에서 아파트 주민들이 회의를 해서 동 대표를 뽑았습니다. 등

✦ 어휘

함께 해결해야 할 문제가 생기면 먼저 대 화 와 토 론 을 해요.

양 보 와 타 협 으로 서로의 의견을 조정하려고 노력해요.

다수의 의견을 따르는 다 수 결 의 원 칙 으로 문제를 해결하기도 해요.

다수의 의견에 따라 결정하더라도 소 수 의 견 을 존 중 해야 해요.

생활 속에서 **민주적 의사 결정 원리**에 따라 문제를 해결해요.

해결해야 할 **문제**를 확인하고, 문제가 발생한 원 인 을 파악해요.

대화와 토론을 통해 다양한 해 결 방 안 을 **탐색**해요.

해결 방안을 결 정 하고, 이를 **실천**해요.

✦ 독해

1. ❶ 문단 **민주적**　❷ 문단 **다수결**
❸ 문단 **소수**　❹ 문단 **해결 방안**

2. (1) ✕　(2) ◯　(3) ◯　(4) ◯

✕표 답 풀이
(1) 다수의 의견이 소수의 의견보다 항상 더 옳은 것은 아니다. 소수의 의견이 합리적일 수도 있다. 그럼에도 다수의 의견이 소수의 의견보다 더 합리적일 것이라고 가정하고 다수의 의견을 따르는 것은, 다수결의 원칙을 따르면 쉽고 빠르게 문제를 해결할 수 있기 때문이다.

3. ②

오답 풀이
① 골목에 쓰레기통을 설치해 놓는 것은 '문제 해결 방안 실천하기'의 예이다.
③ 다수결에 따라 쓰레기통을 더 설치하기로 결정하는 것은 '문제 해결 방안 결정하기'의 예이다.
④ 쓰레기통을 더 설치하거나 감시 카메라를 설치하는 등의 방안을 찾는 것은 '문제 해결 방안 탐색하기'의 예이다.
⑤ 동네 골목에 쓰레기를 몰래 버리는 사람이 많다는 것은 '문제 확인하기'의 예이다.

4. ④

정답 풀이
④ (가)의 의사 결정 원리는 '대화와 토론'이고, (나)의 의사 결정 원리는 '다수결의 원칙'이다. (가) '대화와 토론'으로 문제 해결이 어려울 때 (나) '다수결의 원칙'을 활용한다.

5.

민주적인 문제 해결 방법

민주적 의사 결정 원리	민주적 의사 결정 원리에 따른 문제 해결 과정
– 충분한 대화와 토론을 하기 – 양보와 타협으로 의견 차이 좁히기 – 의견을 하나로 모으기 어려울 때 다 수 결 의 원 칙 을 따르기 – 소 수 의 의견도 존중하기	문제 확인하기 ↓ 문제 원 인 파악하기 ↓ 해결 방안 탐색하기 ↓ 해결 방안 결정하기 ↓ 해결 방안 실천하기

6.

내가 살던 당시만 해도 사람들은 태양이 지구 둘레를 돈다고 믿고 있었어. 나는 망원경을 이용해 지구가 태양 둘레를 돈다는 사실을 발견하고 코페르니쿠스의 '지동설'이 옳다고 주장했지. 하지만 대부분의 사람들은 소수의 의견이던 지동설을 믿지 않았고, 나는 지동설을 퍼뜨린 죄로 재판까지 받았단다.

과학자 갈릴레이

다수의 의견이 언제나 옳다고 할 수 없으며, 합리적일 수 있는 소수의 의견이 무시될 가능성이 있기

때문에 소수의 의견을 존중하려는 노력이 필요합니다.

✦ 어휘

국민의 뜻에 따라 이루어지는 정치를 **민주 정치**라고 해요.

민주주의 국가에서는 [민][주][정][치][의][원][리]를 따라요.

민주주의 국가에서는 주권이 국민에게 있다는 [국][민][주][권]의 원리를 따라요.

민주주의 국가에서는 국가 권력을 나누어 맡는 [권][력][분][립]의 원리를 따라요.

국민 주권의 원리에 따라 [국][민]이 나라의 일에 의견을 제시하거나 요구를 해요.

권력 분립의 원리에 따라 [국][회]가 법을 만들어요.

권력 분립의 원리에 따라 [정][부]가 법에 따라 집행해요.

권력 분립의 원리에 따라 [법][원]이 법에 따라 재판해요.

- -

✦ 독해

1.
❶ 문단 민주 정치   ❷ 문단 국민 주권
❸ 문단 권력 분립   ❹ 문단 민주 정치의 원리

2. (1) ✕ (2) ✕ (3) ✕ (4) ◯

✕표 답 풀이
(1) 우리나라에서는 권력 분립의 원리에 따라 국가 권력을 국회, 정부, 법원이 나누어 맡고 있다.
(2) 국회에서 법을 만들고, 정부에서는 법에 따라 나라를 운영한다.
(3) 우리나라는 민주주의 국가로서, 주권이 국민에게 있다. 나라의 중요한 일을 결정할 수 있는 힘은 국민에게 있으며, 모든 권력은 국민의 동의를 바탕으로 하여 이루어진다.

3. ①

정답 풀이
① 민주주의 국가에서는 인간의 존엄성을 실현하고자 민주 정치의 원리를 따른다.

4. ④

정답 풀이
④ 국민이 뽑은 대표자는 국민의 뜻에 따라 국가 권력을 사용해야 한다. 자신의 이익과 뜻에 따라 국가 권력을 사용하는 것은 국민의 주권을 침해하는 일이다.

5.

[민][주][정][치]
국민이 나라의 주인이 되고 국민의 뜻에 따라 이루어지는 정치

민주 정치의 원리	민주 정치의 원리가 나타나는 사례
– 국민 주권의 원리: [주][권]이 국민에게 있으며, 나라의 중요한 일을 국민 스스로 결정한다는 것 – 권력 [분][립]의 원리: 국가 기관이 권력을 나누어 맡도록 하는 것	어린이 보호 구역과 관련하여 국민 여론이 생김. ↓ 국회에서 관련 법을 만듦. ↓ 정부에서 법에 따라 실행함. ↓ 법원에서 법에 따라 재판함.

6.

대한민국 헌법 제1조 제2항	〈조건〉
대한민국의 주권은 국민에게 있고, 모든 권력은 국민으로부터 나온다.	1. 어떤 민주 정치의 원리를 나타낸 것인지 쓰세요. 2. 해당 원리의 뜻을 주어진 어휘를 모두 넣어 쓰세요. (결정) (국민) (주권)

우리나라 헌법 제1조 제2항에서 밝히고 있는 민주 정치의 원리는 <u>국민 주권</u> <u>(의 원리)</u> 입니다. 이 원리는 <u>주권이 국민에게 있으며, 나라의 중요한 일을 국민 스스로 결정한다는</u> <u>것을 말합니다.</u>

✦ 어휘

민주주의 국가에서는 서로 다른 국가 기관 이 국가 권력을 나누어 맡아요.

입법부인 국회 는 국민의 뜻에 따라 법을 만들거나 고치고 없애는 일을 해요.

행정부인 정부 는 법에 따라 나라 살림을 맡아 해요.

사법부인 법원 은 법에 따라 재판을 해요.

민주주의 국가에서는 **권력 분립의 원리**를 따라요.

우리나라는 국가 권력이 입법, 행정, 사법의 삼권 으로 분립되어 있어요.

우리나라는 삼권 분립을 통해 국가 기관이 서로 견제 하고 균형 을 이뤄요.

우리나라는 삼권 분립을 통해 국민의 자유 와 권리 를 보장해요.

✦ 독해

1. ❶ 문단 삼권 분립   ❷ 문단 법
❸ 문단 살림살이   ❹ 문단 재판
❺ 문단 자유와 권리

2. (1) ○   (2) ×   (3) ×   (4) ○

×표 답 풀이
(2) 법에 따라 집행하는 권리는 행정권이다. 사법권은 법에 따라 재판을 하는 권리이다.
(3) 국회는 국민의 대표인 국회의원들로 구성되어 있다. 대통령과 국무총리 등으로 구성된 것은 우리나라 정부이다.

3. ⑤

정답 풀이
⑤ 우리나라에서 법원을 다른 국가 기관으로부터 독립시킨 목적은 재판이 공정하게 이뤄질 수 있도록 하기 위해서이다. 우리나라는 삼권 분립을 통해 한 기관이 국가의 중요한 일을 마음대로 처리할 수 없도록 하고 있다.

4. ⑤

정답 풀이
⑤ 법을 고치고 없애는 일은 국회에서 하는 일이다. ⓜ에 들어갈 말 즉, 법원에서 하는 일은 법에 따라 재판을 하는 것이다.

5.

6.

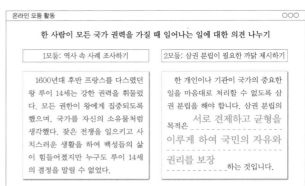

✦ 융합 독해

1. ⑤

정답 풀이

⑤ 박정희 정부가 무너지고 나서 시민들은 오랫동안 바라던 민주화가 이루어질 것으로 기대했으나, 전두환을 중심으로 한 일부 군인들이 다시 군사 정변을 일으켜 권력을 잡았다. 이후 계엄령을 확대하고 폭력적으로 시위를 진압하는 등 민주주의를 탄압하였다.

2. ③

정답 풀이

③ 국민 주권의 원리는 나라의 중요한 일을 국민 스스로 결정할 수 있다는 것이다. 오늘날에는 국민이 대표를 뽑는 선거에 참여하여 주권, 즉 주인으로서 권리를 행사한다. 따라서, 국민이 나라를 위해 일할 대표를 뽑는 선거는 국민 주권의 원리를 따른 것이다.

3. ⑤

오답 풀이

① 대한민국 헌법 제1조 제2항에서 밝히고 있는 것은 국민 주권의 원리이다.

② 대한민국 헌법 제66조 제4항에서 밝히고 있는 행정권은 정부의 권한이다.

③ 대한민국 헌법 제40조에서 밝히고 있는 입법권은 나라를 다스리는 법을 만드는 권한이다.

④ 대한민국 헌법 제1조 제2항은 국민 주권의 원리를, 제40조, 제66조 제4항, 제101조 제1항은 권력 분립의 원리를 밝히고 있다.

✦ 개념 정리

1.
(1) 4·19 혁명
(2) 5·18 민주화 운동

2.
(1) 6월 민주 항쟁
(2) 직선제

3.
(1) 민주주의
(2) 평등

4.
(1) 민주적
(2) 다수결

5.
(1) 국민 주권
(2) 권력 분립

6.
(1) 삼권 분립
(2) 재판

✦ 어휘

가계는 기업에 노 동 력 을 제공해요.

가계는 기업이 생산한 물건이나 서비스를 소 비 해요.

기업은 가계에 일 자 리 를 제공해요.

기업은 가계에 필요한 물건이나 서비스를 생 산 해요.

가계는 소비할 때 합리적 선택을 해야 해요.

가계는 적은 비용으로 가장 큰 만 족 감 을 얻을 수 있도록 소비해요.

기업은 물건이나 서비스를 생산할 때 합리적 선택을 해야 해요.

기업은 적은 비용으로 큰 이 윤 을 얻을 수 있도록 생산하고 판매해요.

- -

✦ 독해

1. ❶ 문단 **가계**   ❷ 문단 **기업**
    ❸ 문단 **합리적**   ❹ 문단 **만족감**
    ❺ 문단 **이윤**

2. (1) ✕   (2) ◯   (3) ✕   (4) ✕

✕표 답 풀이
(1) 빵을 만들어 파는 동네 빵집은 이윤을 얻을 목적으로 생산 활동을 하는 조직으로, 경제 주체 중에서 기업에 해당한다.
(3) 기업은 생산 활동을 할 때 적은 비용으로 큰 이윤을 얻을 수 있도록 합리적 선택을 해야 한다.
(4) (가계의) 노동력을 활용하여 사람들에게 필요한 물건이나 서비스를 만드는 생산 활동을 하는 경제 주체는 기업이다. 가계는 노동력을 기업에 제공하여 소득을 얻고, 그 소득으로 소비 활동을 한다.

3. ⑤

정답 풀이
⑤ 가계에서 소비 활동을 할 때는 가격, 품질, 디자인 등 여러 기준을 고려해야 한다. 사람마다 선택 기준과 우선순위는 다를 수 있으므로 가격을 우선순위로 두어야만 합리적 선택이 되는 것은 아니다.

4. ④

정답 풀이
④ 기업은 물건이나 서비스를 생산하고 판매하여 이윤을 얻는다.

5.

```
          가계와 기업의 경제활동
```

가계와 기업의 경제적 역할과 경제활동	가계와 기업의 합리적 선택
〈가계〉 – 기업에 노동력을 제공함. – 물건과 서비스를 소 비 함. 〈기업〉 – 가계에 일자리를 제공함. – 물건과 서비스를 생산하여 공급함.	〈가계의 합리적 선택〉 – 소득 범위 안에서 적은 비용으로 가장 큰 만 족 감 을 얻을 수 있도록 선택함. 〈기업의 합리적 선택〉 – 적은 비용으로 큰 이 윤 을 얻을 수 있도록 선택함.

가계와 기업이 시장에서 물건과 서비스를 거래하면서 서로 도움을 주고받음.

6.

이번 달 예산을 생각하고, 내가 원하는 것을 사야지.

〈조건〉
1. 주어진 어휘를 모두 넣어 쓰세요.
   (가계)   (만족감)
   (비용)   (소득)
2. 한 문장으로 쓰세요.

가계는 소득이 한정되어 있으므로 (소비 활동을 할 때) 소득 범위 안에서 적은 비용으로 가장 큰 만족감을 얻을 수 있도록 (합리적 선택을) 해야 합니다.

✦ 어휘

우리나라에서 **개인**은 직업을 선택할 | 자 | 유 | 가 있어요.

개인은 더 좋은 일자리를 얻으려고 다른 사람과 | 경 | 쟁 | 하기도 해요.

우리나라에서 **기업**은 생산할 상품과 생산 방법을 결정할 | 자 | 유 | 가 있어요.

우리나라에서 기업은 더 많은 이윤을 얻으려고 다른 기업과 | 경 | 쟁 | 하기도 해요.

정부와 시민 단체는 기업의 **공정한 경제활동**을 위해 노력해요.

| 정 | 부 | 는 공정한 경제활동의 기준이 되는 | 법 | 과 | 제 | 도 | 를 마련해요.

정부는 기업이 공정한 경제활동을 하도록 | 감 | 시 | 하고 | 규 | 제 | 해요.

| 시 | 민 | 단 | 체 | 도 기업의 불공정한 경제활동을 감시해요.

✦ 독해

1.　❶ 문단 **자유와 경쟁**　❷ 문단 **경쟁**
　　❸ 문단 **도움**　❹ 문단 **불공정한**
　　❺ 문단 **규제**

2.　(1) ✕　(2) ○　(3) ○　(4) ○

✕표답 풀이

(1) 시민 단체는 기업의 불공정한 경제활동을 감시하고 정부에 해결을 요구하여 소비자의 권리와 이익을 보호하고자 노력한다. 공정한 경제활동의 기준이 되는 법과 제도를 마련하는 일은 정부에서 하는 일이다.

3.　④

정답 풀이

④ 경제활동에 경쟁이 없으면 기업은 좋은 품질의 물건이나 서비스를 생산하려고 하지 않을 것이다. 경제활동에 경쟁이 있을 때 기업은 경쟁에서 앞서기 위해 더 낮은 가격으로 더 좋은 품질의 물건과 서비스를 생산하려고 노력하게 된다.

4.　④

정답 풀이

④ <보기>에서 주차장 사업자들은 소비자를 속이는 거짓·과장 광고를 하여 처벌받은 것이 아니라 일부 회사끼리 서로 짜고 함께 가격을 올린 담합 행위를 하여 처벌받았다.

5.

우리나라 경제의 특징

| 자 | 유 | 와 경쟁

〈자유〉
– 개인: 직업 등을 자유롭게 선택함.
– 기업: 생산과 판매 등을 자유롭게 결정함.

〈경쟁〉
– 개인: 더 좋은 일자리 등을 얻으려고 경쟁함.
– 기업: 더 많은 이윤을 얻으려고 경쟁함.

| 공 | 정 | 한 경제활동을 위한 노력

– 불공정한 경제활동의 문제점: 소비자가 피해를 입을 수 있고, 경제 질서가 혼란해질 수 있음.
– 공정한 경제활동을 위한 노력:
| 정 | 부 | 와 시민 단체는 공정한 경제활동이 이루어지도록 노력함.

6.

기업	개인	
더 좋은 물건이나 서비스를 개발해 보다 많은 이윤을 얻을 수 있습니다.	다양하고 질 좋은 물건과 서비스를 소비하여 만족을 얻을 수 있습니다.	자신의 능력을 더 잘 발휘할 수 있습니다.

✦ 어휘

우리나라 경제는 1950년대까지 $\boxed{농 업}$ 중심이었어요.

1950년대 이후에는 $\boxed{소 비 재}$ 산업이 발달했어요.

1960년대에는 가방, 옷, 신발 등을 만드는 $\boxed{경 공 업}$ 이 발달했어요.

1970년대에는 철강, 조선, 석유 화학 등의 $\boxed{중 화 학}$ 공업이 발달했어요.

1980년대에는 $\boxed{자 동 차}$. 기계. 전자 산업이 발달했어요.

1990년대에는 $\boxed{반 도 체}$. 정보 통신 산업이 발달했어요.

2000년대 이후에는 $\boxed{첨 단}$ 산업. 서비스업이 발달했어요.

우리나라는 1950년대 이후 지속적인 $\boxed{경 제 성 장}$ 을 이루었어요.

✦ 독해

1. ❶ 문단 농업   ❷ 문단 경공업
❸ 문단 중화학 공업   ❹ 문단 첨단 산업
❺ 문단 경제 성장

2. (1) ✕ (2) ○ (3) ✕ (4) ✕

✕표 답 풀이

(1) 1990년대에는 반도체 산업과 정보 통신 산업이 우리나라 경제 성장을 이끌었다.
(3) 농업 중심 경제를 공업 중심 경제로 변화시키려 한 것은 1950년대이다.
(4) 1960년대 들어 우리나라는 풍부한 노동력을 바탕으로 경공업을 발전시켰고, 많은 기업이 경공업 제품을 만들어 수출하면서 우리나라 경제는 빠르게 성장할 수 있었다.

3. ④

정답 풀이

④ ⓑ 1950년대에 소비재 산업 발달 → ⓒ 1960년대에 경공업 발달 → ㉠ 1970년대에 중화학 공업 발달 → ⓒ 1980년대에 텔레비전, 자동차, 전자 제품 수출 → ㉣ 1990년대에 반도체 산업 발달 → ㉤ 2000년대 이후 첨단 산업 발달

4. ⑤

정답 풀이

⑤ 우리나라는 1980년대부터 점차 경공업보다 중화학 공업이 차지하는 비중이 커졌다. <보기>의 (가) 그래프를 보면 1972년도는 경공업 생산 비중이 63.0%, 중화학 공업 비중이 37.0%로 경공업 비중이 더 높다. 그러다가 1982년도가 되면 경공업 생산 비중이 44.9%, 중화학 공업 비중이 55.1%로 중화학 공업 비중이 더 높아진다.

5.

우리나라의 경제 성장 과정	
1950년대	소비재 산업 발달
1960년대	경제 개발 5개년 계획 수립. $\boxed{경 공 업}$ 발달
1970년대	정부 주도로 $\boxed{중 화 학}$ 공업 육성
1980년대	텔레비전, 자동차, 전자 제품 수출
1990년대	$\boxed{반 도 체}$ 산업. 컴퓨터 등 정보 통신 산업 발달
2000년대 이후	첨단 산업과 다양한 서비스업 발달

6.

 우리나라는 1950년대까지 매우 가난한 나라였단다. 게다가 6·25 전쟁으로 국토 전체가 폐허가 되다시피 했지.

하지만 우리나라는 국민, 기업, 정부가 힘을 합해 세계가 놀랄 정도로 눈부신 경제 성장을 이루어 냈어. 그 과정에서 주요 산업도 많이 바뀌었지.

 맞아요. 우리나라는 농업 중심 경제에서 공업·서비스업 중심 경제로 변화해 왔어요. 오늘날 우리나라는 세계 주요 경제 국가로 발돋움했지요.

✦ 어휘

경제 성장으로 | 도 시 | 가 발달하고 도시 인구가 늘어났어요.

빠르고 편리한 | 교 통 | 수단과 | 통 신 | 수단을 이용하게 되어 삶이 편리해졌어요.

소득이 늘면서 국민의 | 생 활 수 준 | 이 향상되었어요.

학급당 학생 수가 줄고 수업 환경이 좋아지는 등 | 학 교 | 생활이 달라졌어요.

경제 성장으로 인해 촌락에서는 일손 부족 등 | 촌 락 | 문제가 나타났어요.

무분별한 개발로 | 환 경 | 문제가 나타났어요.

사람들 간에 소득 차이가 커지는 | 빈 부 격 차 | 문제가 나타났어요.

노동자와 사용자가 대립하는 | 노 사 갈 등 | 문제가 나타났어요.

✦ 독해

1. ❶ 문단 **경제 성장**　❷ 문단 **도시**
❸ 문단 **빈부**　❹ 문단 **해결**

2. (1) ○　(2) ✕　(3) ✕　(4) ○

✕표 답풀이
(2) 경제 성장으로 학교 수는 늘고, 학급당 학생 수는 줄어들었다.
(3) 빈부 격차 문제 해결을 위해 정부는 저소득층에게 생계비를 지원하는 등 경제적으로 어려움을 겪는 사람들을 위한 다양한 제도를 마련하고 있다. 노사 갈등을 중재하려는 노력은 노동자와 사용자 간의 갈등 문제를 해결하기 위한 노력이다.

3. ③

오답풀이
① 많은 자원을 소비하여 에너지 자원이 부족해졌다.
② 기업에서는 근무 환경, 임금 등의 문제로 노동자와 사용자 사이에 노사 갈등이 일어났다.
④ 사람들 간에 소득 차이가 벌어지면서 빈부 격차 문제가 심해졌다.
⑤ 도시로 인구가 몰리면서 촌락에서는 일손이 부족해졌다.

4. ⑤

정답풀이
⑤ <보기>의 (가) 그래프에서 도시 인구는 꾸준히 증가하는 반면 촌락 인구는 계속해서 감소하고 있고, 자료 (나)를 보면 도시와 촌락 간 소득 차이가 크다는 것을 알 수 있다. 따라서 도시와 촌락 간 인구 및 소득 불균형 문제가 해결되었다는 설명은 알맞지 않다. 이러한 문제를 해결하고자 정부는 지역 간 균형 개발을 위해 노력하고 있다.

5.

우리나라의 경제 성장에 따른
사회 변화와 문제

사회 변화	문제 및 해결을 위한 노력
- | 도 시 | 발달: 도시에 시설과 인구가 증가함. - 교통과 통신 발달: 도로가 건설되고, 인터넷 등이 대중화됨. - 국민 생활 수준 향상: 생활이 편리하고 풍족해짐. - 학교생활의 변화: 학급 당 평균 학생 수가 줄고 수업 환경이 개선됨.	- 촌락 문제: 도시와 촌락의 교류와 협력을 확대함. - 환경 문제: 법률을 제정하고 에너지를 절약함. - | 빈 부 | 격차 문제: 생계비 지원 등 다양한 제도를 마련함. - | 노 사 | 갈등 문제: 정부가 갈등을 중재함.

6.

저소득층을 위해 생계비를 지원하는 등 경제적으로 어려움을 겪는 분들을 위한 다양한 제도가 마련되어 있습니다.

〈조건〉
1. 다음 뜻의 어휘를 넣어 쓰세요.
   (○○ ○○: 가난한 사람과 부유한 사람의 경제적 차이)
2. '~ 해결하기 위한 노력입니다.'의 형식에 맞게 한 문장으로 쓰세요.

(사람들 간에 소득 차이가 벌어지면서 심해진) 빈부 격차 문제를 해결하기 위한 노력입니다.

✦ 어휘

나라와 나라 사이에는 **경제 교류**가 이루어져요.

나라와 나라 사이에 물건이나 서비스를 사고파는 일을 무 역 이라고 해요.

각 나라는 풍부한 자원이나 생산을 잘할 수 있는 물건을 다른 나라에 수 출 해요.

각 나라는 부족한 자원이나 생산하기 어려운 물건을 다른 나라에서 수 입 해요.

우리나라는 다른 나라와 상 호 의 존 관계를 맺으며 교류해요.

우리나라의 발전된 기술로 만든 물건을 **수출**하고, 부족한 자원을 **수입**해요.

우리나라는 다른 나라와 **경쟁 관계**에 있기도 해요.

같은 종류의 물건을 만드는 다른 나라와는 경 쟁 하며 교류해요.

✦ 독해

1. ❶ 문단 경제 교류 ❷ 문단 무역
❸ 문단 달러 ❹ 문단 수입
❺ 문단 경쟁

2. (1) ○ (2) ○ (3) ✕ (4) ○

✕표 답 풀이
(3) 다른 나라에서 만든 것을 우리나라로 사 오는 것을 수입이라고
한다. 수출은 우리나라에서 만든 것을 다른 나라에 파는 것을 말한다.

3. ②

오답 풀이
① 각 나라는 자기 나라에 없거나 부족한 것을 수입한다.
③ 다른 나라와 경쟁하는 과정에서 기술 발전이 이루어져 새로운
상품이 개발되고 상품의 품질이 좋아지기도 한다.
④ 각 나라의 자연환경, 자원, 기술이 다를 때 나라마다 더 잘 만
들 수 있는 물건이나 서비스가 다르기 때문에 경제 교류가 활발해
진다.
⑤ 각 나라는 부족한 자원을 수입하고 더 잘 만들 수 있는 것을 수
출하여 경제적 이득을 얻는다.

4. ④

정답 풀이
④ <보기>를 통해 우리나라는 원유의 수입액과 함께 석유 제품
의 수출액도 높다는 것을 확인할 수 있다. 이는 우리나라가 원유를
가공·처리하는 기술이 뛰어나서 다양한 석유 제품을 생산해 수출
하기 때문이다. 따라서 우리나라는 원료를 주로 수입하고 기술력
이 필요한 제품을 수출하는 무역이 발달했음을 알 수 있다.

5.

경제 교류	
나라 간 경제 교류	**나라 간 경제 관계**
- 무 역 : 나라와 나라 사이에 물건이나 서비스를 사고파는 것. - 수출: 우리나라에서 만든 것을 다른 나라에 파는 것. - 수 입 : 다른 나라에서 만든 것을 우리나라로 사 오는 것.	- 상 호 의 존 관계: 우리나라에 없거나 부족한 것을 수입하고 우리나라의 발전된 기술로 만든 것을 수출함. - 경쟁 관계: 같은 종류의 물건을 생산하는 나라끼리 경쟁함.

6.

A 나라에서는 생선이 많이 잡힙니다. B 나라는 생선을 가공하여 통조림으로 만드는 기술이 뛰어납니다. 그래서 A 나라는 B 나라에 냉동 생선을 수출하고, B 나라는 A 나라에 생선 통조림을 수출하며 경제 교류를 합니다.

나라 간에 경제 교류를 하는 까닭은 나라마다 자연환경, 자원, 기술 등이 달라 더 잘 만들 수 있는 물건이나 서비스가 다르기 때문입니다.

✦ 어휘

경제 교류로 개인은 [다 양 한] **물건**을 선택할 수 있게 됐어요.

해외 취업 등 개인의 [경 제 활 동 범 위]도 넓어졌어요.

경제 교류로 기업은 다른 나라 기업과 [기 술]을 **교류**하게 됐어요.

기업은 다른 나라에 [공 장]을 세워 물건을 생산할 수 있게 됐어요.

경제 교류로 인해 생기는 **문제점**도 있어요.

자유로운 무역으로 인해 [경 쟁 력] **낮은 산업**과 기업이 어려움을 겪어요.

다른 나라가 **수입**을 [거 부]하면 우리나라 수출이 감소해요.

다른 나라가 우리나라 물건에 높은 [관 세]를 **부과**하면 수출이 어려워져요.

✦ 독해

1. ❶ 문단 경제 교류　❷ 문단 기업
　　❸ 문단 자유로운　❹ 문단 보호
　　❺ 문단 확대

2. (1) ○　(2) ○　(3) ○　(4) ✕

✕표 답 풀이
(4) 다른 나라가 우리나라 제품에 높은 관세를 부과하면 제품 가격이 높아져 가격 경쟁력이 떨어지고 제품이 잘 팔리지 않게 되어 수출이 어려워진다.

3. ⑤

정답 풀이
⑤ 다른 나라와의 경제 교류로 수입품의 종류가 다양해지면 경쟁력이 낮은 산업이나 기업들은 어려움을 겪게 된다. 이것은 경제 교류에 따른 긍정적 변화가 아닌 문제점이다.

4. ③

정답 풀이
③ 관세를 높이면 우리나라 세탁기 가격이 비싸지고, 가격이 비싸지면 가격 경쟁력이 떨어져 제품이 잘 팔리지 않게 된다.

5.

경제 교류와 경제생활	
경제 교류에 따른 긍정적 변화	**경제 교류에 따른 문제점**
- 개인 생활의 변화: [다 양 한] 물건을 선택할 수 있고, 경제활동 범위가 확대됨. - 기업의 변화: 다른 나라와 [기 술]을 교류함. 다른 나라에 공장을 세워 비용을 줄임.	- 경제 교류에 따른 문제점: 자유로운 무역 또는 자기 나라 경제 [보 호]로 인해 발생함. - 문제점의 해결 방안: 경제 교류 상대국 및 품목을 확대함. 품질 및 기술 개발을 지원함.

6.

	(가) 우리 과일이 안 팔려요!	(나) 수입을 거부합니다!
경제 교류에 따른 문제점		
원인	자유로운 무역으로 수입하는 물건의 종류와 양이 많아졌기 때문입니다.	자기 나라 경제를 보호하려 하기 때문입니다.
해결 방안	품질을 개선하거나 새로운 기술을 개발하도록 지원합니다.	경제 교류 상대국 및 품목을 확대합니다.

✦ 융합 독해

1. ⑤

정답 풀이

⑤ (가) 그림을 보면 천연자원은 부족하지만 우수한 기술력을 가진 ○○ 나라가 천연자원은 풍부하나 기술력이 부족한 △△ 나라에 우수한 기술력으로 만든 물건을 수출하고, 천연자원을 수입하고 있다.

이를 통해 나라 간에 경제 교류를 하는 까닭은 나라마다 자원, 기술 등이 달라 더 잘 만들 수 있는 물건이나 서비스가 다르기 때문임을 알 수 있다.

2. ④

정답 풀이

④ 우리나라는 1960년대에 풍부한 노동력을 바탕으로 경공업을 발전시켰다. 그 결과 1970년도에 경공업의 수출 비중이 69.7%까지 늘어났음을 (라) 그래프에서 확인할 수 있다. 반면, 제1차 산업의 수출 비중은 1964년도 45.4%에서 1970년도 17.5%로 크게 줄었다.

3. ②

정답 풀이

② <보기>의 주요 수출품 목록에 풍부한 노동력을 바탕으로 한 경공업 제품은 나타나 있지 않다. 또한 (다) 글에서 우리나라가 경공업을 발전시킨 시기는 1960년대임을 알 수 있으며, (라) 그래프에서도 1970년 이후부터 경공업 수출 상품의 비중이 점점 낮아져 2010년에는 6.3% 비중으로 줄어들었음을 확인할 수 있다.

✦ 개념 정리

1. (1) 가계
    (2) 이윤

2. (1) 자유와 경쟁
    (2) 불공정

3. (1) 경공업
    (2) 중화학 공업

4. (1) 도시
    (2) 빈부

5. (1) 무역
    (2) 수입

6. (1) 다양한
    (2) 보호

✦ 어휘

우리는 다양한 공간 자료로 **세계의 모습**을 볼 수 있어요.

지구본 은 실제 지구의 모습을 본떠 작게 줄인 모형이에요.

세계 지도 는 둥근 지구를 평면에 나타낸 그림이에요.

디지털 영상 지도 는 위성 사진 등을 디지털 정보로 나타낸 지도예요.

세계는 여러 개의 **땅덩어리**와 **바다**로 이루어져 있어요.

세계는 6개의 **대륙**과 5개의 **대양**으로 이루어져 있어요.

대륙 에는 아시아, 아프리카, 유럽, 오세아니아, 북아메리카, 남아메리카가 있어요.

대양 에는 태평양, 대서양, 인도양, 북극해, 남극해가 있어요.

✦ 독해

1.　❶ 문단 지구본　　❷ 문단 땅
　　　❸ 문단 대륙　　❹ 문단 대양

2.　(1) ○　(2) ○　(3) ✕　(4) ✕

✕표 답 풀이
(3) 지구에서 땅의 면적은 약 30%, 바다의 면적은 약 70%이다.
(4) 지구본은 실제 지구의 모습을 본떠 작게 줄인 모형으로, 생김새가 지구처럼 둥글다. 둥근 지구를 일정한 비율로 줄여 평면에 나타낸 것은 세계 지도이다.

3.　③

정답 풀이
③ 세계 지도는 둥근 지구를 평면에 나타냈기 때문에 땅과 바다의 모양이나 크기가 실제와 다르게 표현되기도 한다.

4.　①

정답 풀이
① 아프리카 대륙은 북반구와 남반구에 걸쳐 있다.

5.

```
                세계의 모습
        ┌──────────┴──────────┐
세계의 모습을 볼 수 있는 공간 자료        대륙과 대 양
```

- 지구본 : 실제 지구의 모습을 본떠 작게 줄인 모형
- 세계 지도: 둥근 지구를 일정한 비율로 줄여 평면에 나타낸 그림
- 디지털 영상 지도: 위성 사진이나 항공 사진 등을 디지털 정보로 나타낸 지도

〈대륙〉
- 바다로 둘러싸인 큰 땅덩어리
- 아 시 아 , 아프리카, 유럽, 오세아니아, 북아메리카, 남아메리카
〈대양〉
- 넓고 큰 바다
- 태평양, 대서양, 인도양, 북극해, 남극해

6.

대양 지도	(가)	(나)	(다)
이름	태평양	대서양	인도양
크기와 위치	가장 큰 바다로, 아시아, 오세아니아, 아메리카 대륙의 사이에 있습니다.	두 번째로 큰 바다로, 아메리카, 유럽, 아프리카 대륙의 사이에 있습니다.	세 번째로 큰 바다로, 아프리카, 아시아, 오세아니아 대륙의 사이에 있습니다.

✦ 어휘

세계 여러 나라는 **영토 면적**이 달라요.

세계 여러 나라 중 러 시 아 는 영토 면적이 가장 넓어요.

세계 여러 나라 중 바 티 칸 시 국 은 영토 면적이 가장 좁아요.

우리나라는 남북한을 포함한 영토 면적이 세계에서 85번째예요.

세계 여러 나라는 **영토 모양**과 **특징**이 달라요.

칠 레 는 남북으로 길쭉하고, 이 집 트 는 사각형 모양으로 생겼어요.

뉴 질 랜 드 는 바다로 둘러싸여 있어요.

우리나라는 육지에 연결되어 있으면서 바다에 접해 있어요.

- -

✦ 독해

1. ❶ 문단 영토 면적   ❷ 문단 러시아
　　❸ 문단 영토 모양   ❹ 문단 인문환경

2. (1) ○ (2) ○ (3) ✕ (4) ○

✕표 답 풀이
(3) 우리나라와 이탈리아는 삼면이 바다이고 다른 면은 육지에 연결되어 있다. 육지에 둘러싸여 바다와 접하지 않는 나라로는 몽골이 있다.

3. ⑤

오답풀이
① 러시아의 영토 면적은 남북한을 포함한 우리나라 영토 면적의 약 78배에 달한다.
② 러시아는 전 세계 육지 면적의 약 11.5%를 차지하고 있다.
③ 바티칸 시국의 영토 면적은 우리나라의 경복궁보다 약간 크다.
④ 우리나라의 영토 면적은 남북한을 포함해서 약 22만 km^2이고, 남한만의 영토 면적은 약 10만 km^2이다.

4. ①

정답풀이
① ㉠ '이탈리아'는 삼면이 바다이고 다른 면은 육지에 연결되어 있다. 이탈리아와 우리나라처럼 바다와 육지가 맞닿은 나라는 대륙 진출에도 유리하고 해양 진출에도 유리하다.

5.

세계 여러 나라의 영토	
영토 면적	영토 모양과 특징
– 영토 면적이 가장 넓은 나라: 러 시 아 – 영토 면적이 가장 좁은 나라: 바티칸 시국 – 우리나라의 영토 면적(남북한 포함): 세계에서 8 5 번째이며, 영국 등과 면적이 비슷하다.	– 남북 방향으로 긴 모양: 칠레 등 – 사각형 모양: 이집트, 수단 등 – 육지에 둘러싸인 나라: 몽골 등 – 바 다 에 둘러싸인 나라: 일본, 뉴질랜드 등 – 삼면이 바다이고 다른 면은 육지에 연결된 나라: 우리나라, 이탈리아 등

6.

〈조건〉
1. 주어진 어휘를 모두 넣어 쓰세요.
　(바다) (삼면) (연결) (육지)
2. 한 문장으로 쓰세요.

– 우리나라 영토 면적은 남북한을 포함하여 세계에서 85번째로 넓습니다.
우리나라 영토는 삼면이 바다이고 다른 면은 육지에 연결되어 있습니다.

✦ 어휘

세계의 기후는 위도 등에 따라 다르게 나타나요.

적도 중심 저위도 지역에 열 대 기후가, 위도 20°~30° 일대에 건 조 기후가 나타나요.

중위도 지역에 온 대 기후가, 북반구의 중위도와 고위도 지역에 냉 대 기후가 나타나요.

극지방에 가까운 고위도 지역에 한 대 기후가, 해발 고도가 높은 곳에 고 산 기후가 나타나요.

세계의 기후는 기온이나 강수량의 특징에 따라 나뉘어요.

열 대 기후는 일 년 내내 덥고, 건 조 기후는 비가 거의 오지 않아요.

온 대 기후는 사계절이 뚜렷하고, 냉 대 기후는 겨울이 춥고 길어요.

한 대 기후는 일 년 내내 매우 춥고, 고 산 기후는 서늘한 날씨가 이어져요.

✦ 독해

1. ❶ 문단 **위도**   ❷ 문단 **열대 기후**
   ❸ 문단 **기온과 강수량**   ❹ 문단 **적도**

2. (1) ✕   (2) ○   (3) ○   (4) ○

✕표 답풀이
(1) 한대 기후는 햇볕을 가장 적게 받는 극지방을 중심으로 고위도 지역에 주로 나타난다.

3. ②

정답풀이
② 냉대 기후는 남반구가 아닌, 북반구의 중위도와 고위도 지역에 주로 나타난다.

4. ⑤

정답풀이
⑤ 야쿠츠크는 고위도 지역에 있어서 햇볕을 적게 받고, 벨렝은 저위도 지역에 있어서 햇볕을 많이 받는다.

5.

세계의 다양한 기후	
세계의 기후 분포	**세계의 기후 특징**
– 열대 기후: 적도 중심의 저위도 지역 – 건조 기후: 남·북위 20°~30° 일대 – 온대 기후: 남·북위 30°~60° 일대 – 냉대 기후: 북반구의 중위도와 고위도 지역 – 한 대 기후: 고위도 지역, 극지방 – 고산 기후: 해발 고도가 높은 곳	– 열대 기후: 일 년 내내 더운 날씨 – 건 조 기후: 적은 강수량 – 온대 기후: 뚜렷한 사계절 – 냉대 기후: 춥고 긴 겨울 – 한대 기후: 일 년 내내 추운 날씨 – 고 산 기후: 일 년 내내 서늘한 날씨

6. (예시 답안)

열대 기후   건조 기후   온대 기후   냉대 기후   한대 기후   고산 기후

내가 살아 보고 싶은 기후	고산 기후
기후의 특징과 관련된 까닭	적도 부근의 고산 지대에서 나타나는 고산 기후는 일 년 내내 날씨가 온화하여 우리나라 봄 날씨와 비슷하기 때문입니다.

✦ 어휘

세계 여러 나라는 **기후**에 따라 생활 모습이 달라요.

열 대 기 후 지역 사람들은 열대 작물을 재배해요.

건 조 기 후 지역 사람들은 유목 생활을 해요.

온 대 기 후 지역에는 벼농사, 포도 농사 등 다양한 농업이 발달했어요.

냉 대 기 후 지역에는 침엽수림을 이용한 목재 산업이 발달했어요.

한 대 기 후 지역 사람들은 주로 사냥을 하며 유목 생활을 해요.

고 산 기 후 지역 사람들은 감자와 옥수수를 재배해요.

기후는 지역 사람들의 **생활 모습**에 큰 영향을 끼쳐요.

✦ 독해

1. ❶ 문단 기후   ❷ 문단 열대 기후
❸ 문단 온대 기후   ❹ 문단 냉대 기후
❺ 문단 고산 기후

2. (1) ○   (2) ○   (3) ✕   (4) ○

✕표 답 풀이
③ 사람이 살기 좋아 인구가 많고 다양한 산업이 발달한 곳은 온대 기후 지역이다.

3. ②

오답 풀이
① 오아시스 주변에서 밀, 대추야자 등을 재배하는 곳은 건조 기후 지역이다.
③ 낮은 기온에서도 잘 자라는 감자와 옥수수를 재배하는 곳은 고산 기후 지역이다.
④ 벼농사, 밀 농사가 발달한 곳은 온대 기후 지역이다.
⑤ 화전 농업을 하고 바나나 등을 대규모로 재배하는 곳은 열대 기후 지역이다.

4. ②

정답 풀이
② 일 년 내내 덥고 비가 많이 내리는 기후는 '열대 기후'(㉠)이다. / 겨울이 길고 몹시 추운 기후는 '냉대 기후'(㉡)이며, 냉대 기후 지역에 '침엽수림'(㉢)이 넓게 분포한다. / 초원이 발달한 건조 기후 지역 사람들은 가축에게 먹일 물과 풀을 찾아 이동하며 생활하는 '유목 생활'(㉣)을 한다.

5.

기후에 따라 다른 생활 모습	
열 대 기후	화전 농업, 열대 작물 재배, 생태 관광 산업 발달
건조 기후	강이나 오아시스 주변 농사(사막 지역), 유목 생활(초원 지역)
온대 기후	인구가 많고, 다양한 농 업 과 산업 발달
냉 대 기후	침엽수림이 넓게 분포하여 임업과 펄프 산업 발달
한대 기후	사냥, 고기잡이, 유 목 생활
고 산 기후	감자와 옥수수 재배

6.

열대 기후 지역에서는 덥고 습한 지역에서 잘 자라는 열대 작물을 재배합니다.

한대 기후 지역에서는 농사를 짓기 어려워 순록을 키우며 유목 생활을 합니다.

고산 기후 지역에서는 낮은 기온에서도 잘 자라는 감자와 옥수수를 재배합니다.

〈조건〉
1. 주어진 어휘를 모두 넣어 쓰세요.
(기후) (적응) (지역별)
2. '~ 때문입니다.'의 형식에 맞게 한 문장으로 쓰세요.

지역별로 다양한 기후가 나타나고 사람들은 기후에 적응하며 살아가기 때문입니다.

✦ 어휘

러시아, 중국, 일본은 우리나라와 지리적으로 가까운 **이웃 나라**예요.

우리나라 북쪽에는 러시아 가 있어요.

우리나라 서쪽에는 중국 이 있어요.

우리나라 동쪽에는 일본 이 있어요.

이웃 나라의 **환경**은 우리나라와 많이 달라요.

러시아는 세계에서 영토 가 가장 넓고 풍부한 천연자원을 수출해요.

중국은 영토가 넓고 인구 가 많아요.

일본은 화산 이 많은 섬나라로, 제조업과 관광 산업이 발달했어요.

- -

✦ 독해

1. ❶ 문단 일본   ❷ 문단 영토 면적

   ❸ 문단 인구   ❹ 문단 화산

   ❺ 문단 중국

2. (1) ✕   (2) ✕   (3) ○   (4) ○

✕표 답 풀이

(1) 일본은 네 개의 큰 섬과 3,000개가 넘는 작은 섬들로 이루어진 섬나라이다.

(2) 우리나라의 서쪽에 중국이, 우리나라의 동쪽에 일본이 있다.

3. ②

정답 풀이

② 일본은 온대 기후가 맞지만, 영토가 남북으로 길어 남북의 기후 차가 크다.

4. ④

정답 풀이

④ 러시아는 중국, 일본과 함께 우리나라와 지리적으로 가까운 이웃 나라이며, 활발하게 교류하고 있다. <보기>의 (가)에서 러시아는 총 수출액과 총 수입액 기준으로 우리나라의 11번째 수출국이자 8번째 수입국이며, (나)에서 우리나라를 방문하는 러시아 관광객이 있다는 사실을 알 수 있다.

5.

우리나라와 이웃한 나라		
러시아	중국	일본
- 영토 면적 세계 1위 - 서부 평원, 동부와 중앙의 고원과 산지 - 주로 냉대 기후	- 영토 면적 세계 4위 - 동쪽의 평야, 서쪽의 산지와 고원 및 사막 - 다양한 기후	- 섬나라 - 많은 화산과 잦은 지진 - 온대 기후
- 서남부에 인구 밀집 - 풍부한 천연자원 수출	- 14억 명의 인구 - 농업, 제조업 발달	- 동부 해안가에 도시 발달 - 공업, 관광 산업 발달

6.

우리나라는 절인 음식이 많아 국물이 스며들지 않는 금속 젓가락을 사용한다.

일본은 생선을 즐겨 먹어 끝이 뾰족한 나무젓가락을 사용한다.

중국은 기름에 튀긴 음식이 많아 뜨거운 것에 데지 않기 위해 긴 젓가락을 사용한다.

공통점: (음식을 먹을 때) 젓가락을 사용합니다.	**공통점이 나타나는 까닭:** 지리적으로 가까울 뿐 아니라 오래전부터 활발하게 교류했기 때문입니다.
차이점: 젓가락 재료와 모양이 다릅니다.	**차이점이 나타나는 까닭:** 나라마다 자연환경, 역사적 배경 등을 바탕으로 고유한 문화를 이루었기 때문입니다.

✦ 어휘

사우디아라비아, 베트남, 미국은 우리나라와 **관계 깊은 나라**예요.

사 우 디 아 라 비 아 는 우리나라의 주요 원유 수입국이에요.

베 트 남 에는 우리나라 기업이 많이 진출해 있고, 인적 교류가 활발해요.

미 국 은 우리나라의 주요 무역 상대국이에요.

우리나라와 **교류**하는 미국, 사우디아라비아, 베트남은 환경이 서로 달라요.

사우디아라비아는 국토 대부분이 사막이며, 원 유 가 많이 생산돼요.

베트남은 노 동 력 이 풍부하고 벼농사가 발달했어요.

미국은 자원이 풍부하고 다양한 산 업 이 발달했어요.

✦ 독해

1. ❶ 문단 **지리적** ❷ 문단 **원유**

❸ 문단 **인적 교류** ❹ 문단 **산업**

❺ 문단 **교류**

2. (1) ✕ (2) ✕ (3) ○ (4) ○

✕표 답풀이

(1) 우리나라는 사우디아라비아, 베트남, 미국과 지리적으로 멀리 떨어져 있다.

(2) 미국은 국토가 넓고 지하자원이 풍부하며, 인구도 세계에서 세 번째로 많아 노동력이 풍부하다.

3. ②

정답풀이

② 자원이 풍부하고 다양한 산업이 발달한 환경에, 우리나라의 주요 무역 상대국인 나라는 미국(㉠)이다. 쌀 생산량이 많고 경공업이 발달한 환경에, 우리나라 기업이 진출해 있고 인적 교류가 활발한 나라는 베트남(㉡)이다. 국토 대부분이 사막에 원유를 생산하는 환경을 가지고 있으며, 우리나라의 주요 원유 수입국인 나라는 사우디아라비아(㉢)이다.

4. ③

정답풀이

③ 우리나라와 세계 여러 나라가 교류하는 까닭은 나라마다 자연환경과 인문환경이 다르기 때문이다. 사우디아라비아는 원유가 많이 생산되지만, 우리나라는 원유가 거의 생산되지 않기 때문에 우리나라는 사우디아라비아에서 원유를 수입한다.

5.

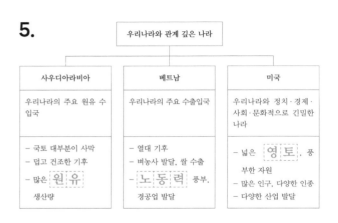

우리나라와 관계 깊은 나라		
사우디아라비아	**베트남**	**미국**
우리나라의 주요 원유 수입국	우리나라의 주요 수출입국	우리나라와 정치·경제·사회·문화적으로 긴밀한 나라
– 국토 대부분이 사막 – 덥고 건조한 기후 – 많은 원 유 생산량	– 열대 기후 – 벼농사 발달, 쌀 수출 – 노 동 력 풍부. 경공업 발달	– 넓은 영 토, 풍부한 자원 – 많은 인구, 다양한 인종 – 다양한 산업 발달

6.

우리나라 밀 수입량에서 가장 많은 양을 차지하는 미국의 밀

우리나라 기업이 건설한 사우디아라비아의 내무성 본청 건물

〈조건〉
1. 주어진 어휘를 모두 넣어 쓰세요.
 (도움) (자연환경)
 (인문환경)
2. 한 문장으로 쓰세요.

나라마다 (기후, 지형 등의) 자연환경과 (인구, 산업 등의) 인문환경이 달라 서로 필요한 도움을 주고받을 수 있기 때문입니다.

✦ 융합 독해

1. ①

정답 풀이

① 한대 기후는 극지방을 중심으로 고위도 지역에 주로 나타난다. 해발 고도가 높은 곳에 나타나는 기후는 고산 기후이다.

2. ⑤

정답 풀이

⑤ (가)를 보면 열대 기후는 적도를 중심으로 저위도 지역에, 한대 기후는 고위도 지역에 분포한다. 열대 기후는 기온이 높고 강수량이 많으며, 한대 기후는 기온이 낮다. 따라서 세계의 기후는 적도에 가까울수록(㉠) 대체로 기온이 높고 강수량이 많으며, 적도에서 극지방으로 갈수록(㉡) 기온이 점차 낮아진다.

3. ②

정답 풀이

② <보기>의 두 지역에서 나타나는 공통적인 생활 모습은 한 곳에 머무르지 않고 동물의 먹이를 찾아 이동하는 유목 생활을 하는 것이다. 이러한 생활 모습이 나타나는 까닭은 기후에 따라 다르게 나타나는 기온과 강수량 때문이다. 건조 기후와 한대 기후에서 유목 생활을 하는 까닭을 기후의 특징과 관련해서 살펴보면 건조 기후는 강수량이 적어 물이 부족하기 때문이고, 한대 기후는 평균 기온이 매우 낮아 땅이 얼어 있기 때문이다.

오답 풀이

① 평균 기온이 매우 낮은 기후는 한대 기후이고, 물이 부족한 기후는 건조 기후이다.
③ 강수량이 풍부한 기후는 열대 기후이다.
④ 평균 기온이 매우 낮은 기후는 한대 기후이고, 평균 기온이 매우 높은 기후는 열대 기후이다.
⑤ 일 년 내내 비가 내리는 곳이 있는 기후는 열대 기후이다.

✦ 개념 정리

1. (1) 대륙
(2) 대양

2. (1) 러시아
(2) 이탈리아

3. (1) 위도
(2) 열대 기후

4. (1) 냉대 기후
(2) 사막

5. (1) 중국
(2) 일본

6. (1) 사우디아라비아
(2) 베트남

✦ 어휘

독도는 우리나라의 동 쪽 끝 에 있는 섬이에요.

독도는 울 릉 도 에서 동남쪽으로 87.4km 떨어져 있어요.

독도는 2개의 큰 섬인 동 도 와 서 도 , 89개의 바위섬으로 이뤄져 있어요.

독 도 는 다양한 동식물이 살고, 귀한 자원이 묻혀 있는 소중한 영토예요.

우리나라는 소중한 영토인 **독도**를 지키기 위해 노력하고 있어요.

조선 시대 때 안 용 복 은 일본으로 건너가 독도가 우리 영토임을 확인받아 냈어요.

오늘날에는 독 도 경 비 대 가 독도를 지키고 있어요.

민 간 단 체 에서도 독도가 우리 영토임을 알리는 활동을 펼치고 있어요.

✦ 독해

1. ❶ 문단 동쪽 끝   ❷ 문단 동도와 서도
❸ 문단 생태계의 보고   ❹ 문단 우리나라 영해
❺ 문단 독도

2. (1) ○   (2) ○   (3) ✕   (4) ○

✕표답 풀이
(3) 독도는 화산 폭발로 생긴 화산섬으로, 괭이갈매기, 독도 사철나무, 섬기린초 등 다양한 동식물이 서식한다.

3. ⑤

정답 풀이
⑤ 다른 나라 배들이 불법으로 독도에 침입하지 못하도록 독도 경비대가 해안을 경계하고 있다.

4. ③

정답 풀이
③ 독도에서 울릉도까지의 거리가 독도에서 일본의 오키섬까지의 거리보다 약 70km 더 가깝다.

5.

우리 땅 독도	
독도의 위치와 자연환경	**독도를 지키기 위한 노력**
독도의 위치: – 우리 영토의 동 쪽 끝 에 위치함. – 울 릉 도 에서 약 87.4km 떨어져 위치함. 독도의 자연환경: – 동도와 서도, 89개의 바위섬으로 이루어짐. – 다양한 동식물이 살고, 자원이 풍부함.	〈옛사람들의 노력〉 – 조선 시대 안용복은 독도가 우리 영토임을 일본에 확인받아 냄. 〈오늘날 정부와 민간단체의 노력〉 – 정부가 독도에 시설물을 설치하고, 법령을 만들어 시행함. – 독 도 경 비 대 가 해안을 경계함. – 정부와 민간단체에서 독도에 관한 올바른 정보를 알리는 활동을 함.

6.

독도에는 괭이갈매기, 섬기린초 등 희귀하고 다양한 동식물이 서식해 환경적으로 가치가 뛰어나. 그래서 독도를 천연기념물로 지정해 보호하고 있지.

 가스 하이드레이트처럼 귀중한 자원이 풍부하게 묻혀 있어서 경제적 가치도 높은 곳이야.

그 뿐만 아니라 일본, 러시아 등과 가까워 주변 나라들의 움직임을 살피기 좋아서 군사적으로 중요한 곳이기도 해.

✦ 어휘

남북 분단으로 인해 전 쟁 에 대한 불안감이 계속되고 있어요.

남북한은 남 북 통 일 을 이루기 위해 꾸준히 노력해 왔어요.

남북 분단으로 인한 과도한 국 방 비 지출로 경제적 손실을 입고 있어요.

남 북 정 상 회 담 을 개최하는 등 정치적 노력을 기울였어요.

남북 분단으로 인해 수많은 이 산 가 족 이 아픔을 겪고 있어요.

남북한이 협력해 개 성 공 단 을 가동하는 등 경제적 노력도 이어졌어요.

남북 분단으로 인해 언어 등 남북한의 문 화 차이가 점점 벌어지고 있어요.

올림픽에서 남 북 한 선 수 단 이 공동 입장하는 등 사회·문화적 노력도 계속됐어요.

✦ 독해

1. ❶ 문단 분단   ❷ 문단 남북통일
❸ 문단 개성 공단
❹ 문단 이산가족 상봉 행사
❺ 문단 전쟁

2. (1) ✕   (2) ◯   (3) ◯   (4) ✕

✕표 답 풀이

(1) 2000년, 2007년, 2018년에 걸쳐 남북 정상 회담이 세 차례 열렸다.
(4) 개성 공단 가동, 끊어진 도로와 철도를 잇는 공사는 남북통일을 이루기 위한 경제적 노력이다.

3. ③

정답 풀이

③ 오늘날 남북한은 과도한 국방비를 부담하며 경제적 손실을 입고 있다. 통일이 이루어지면 이처럼 과도한 국방비를 줄여 복지나 문화, 경제 발전에 사용해 큰 경제 성장을 이룰 수 있다.

4. ③

정답 풀이

③ 1972년 남북한이 최초로 통일에 대한 뜻을 합의해 7·4 남북 공동 성명(㉠)을 발표했다. 2005년에는 개성 공단 가동(㉡)을 시작했으며, 2018년에는 세 번째 남북 정상 회담(㉢)이 열렸다.

5.

남북 분단과 남북통일	
남북 분단으로 겪는 어려움	**남북통일을 위한 노력**

남북 분단으로 겪는 어려움
- 전 쟁 에 대한 불안감이 계속됨.
- 국 방 비 를 과도하게 지출함.
- 이산가족이 아픔을 겪음.
- 남북한 문화의 차이가 점점 벌어짐.

남북통일을 위한 노력
〈정치적 노력〉
- 1972년: 7·4 남북 공동 성명 발표
- 1991년: 남북 기본 합의서 채택
- 2000년, 2007년, 2018년:
 남 북 정 상 회 담
〈경제적 노력〉
- 1998년~2008년: 금강산 관광 사업
- 2005년~2016년: 개성 공단 가동
〈사회·문화적 노력〉
- 1985년~2018년: 이산가족 상봉
- 2018년: 평창 동계 올림픽 공동 입장

6.

가락지빵은 '도넛'을 가리키는 북한말입니다. 오랜 분단으로 인해 남한과 북한 사람들이 일상에서 쓰는 말이 크게 달라져 의사소통에 어려움이 생겼습니다.

남북 분단으로 인한 남북한 간 문화 차이를 줄이고 화합하기 위해 남북한은 이산가족 상봉 행사를 여는 / 올림픽에서 남북한 선수단이 한반도기를 들고 공동 입장하는 / 남북 예술단이 합동 공연을 하는

등 사회·문화적 노력을 해 왔습니다.

✦ 어휘

시리아 에서 내전이 일어나 정부군과 반정부군이 갈등을 겪고 있어요.

시리아에서 독재 에 반대해 일어난 내전이 종교 갈등으로 번졌어요.

팔레스타인 지역을 두고 이스라엘과 팔레스타인이 갈등을 겪고 있어요.

이스라엘과 팔레스타인은 영토 를 두고 갈등을 겪고 있어요.

카슈미르 지역을 두고 인도와 파키스탄이 갈등을 겪고 있어요.

종교 가 다른 인도와 파키스탄이 카슈미르 지역을 두고 갈등을 겪고 있어요.

북극해 를 두고 주변 나라들이 갈등을 겪고 있어요.

북극해의 자원 을 차지하기 위해 주변 나라들이 갈등을 빚고 있어요.

✦ 독해

1. ❶ 문단 갈등 　❷ 문단 내전
❸ 문단 팔레스타인 　❹ 문단 종교
❺ 문단 자원

2. (1) ○　(2) ○　(3) ○　(4) ✕

✕표 답 풀이
(4) 카슈미르 지역에서는 힌두교를 믿는 사람들과 이슬람교를 믿는 사람들이 나뉘어 갈등하고 있다. 유대교와 이슬람교의 종교 갈등은 이스라엘과 팔레스타인 분쟁에 관한 내용이다.

3. ④

정답 풀이
④ 지구촌 갈등은 다양한 원인으로 발생하고, 여러 원인이 복합적으로 얽혀 있는 경우가 많으며, 여러 나라에 영향을 미쳐 쉽게 갈등을 해결하기가 어렵다.

4. ④

정답 풀이
④ (가)는 독재를 반대하는 시위가 내전으로 확대되어 종교 문제로 번진 갈등이다. (나)는 종교가 다른 유대인(유대교)과 아랍인(이슬람교)이 영토를 두고 벌인 갈등이다. (가)와 (나)의 갈등 모두 자원을 차지하기 위한 갈등이 아니며, 정치나 영토, 종교 등 다양한 원인으로 발생해 복잡하게 얽히며 확대되었다.

5.

지구촌 갈등		
시리아 내전	정부군과 반정부군 간에 일어난 내전이 종교 갈등으로 확대됨.	
팔레스타인 분쟁	유대인들이 팔레스타인 지역에 이스라엘을 세우자 팔레스타인에 살던 아랍인들과 갈등이 일어남.	
카슈미르 분쟁	카슈미르 지역이 인도에 편입되자 이슬람교도와 힌두교도 사이에 종교 갈등이 일어남.	
북극해 분쟁	북극해의 자원 을 개발하려고 주변 나라들이 북극해를 자기 나라 영역이라고 주장함.	

6.

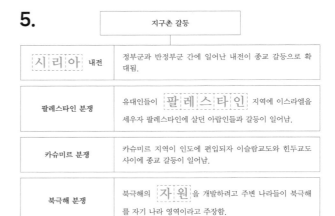

북극해 에는 원유와 천연가스 등 지하자원이 풍부하게 매장되어 있는데, 빙하가 녹으면서 지하자원을 개발하는 것이 가능해지자 주변 나라들이 이곳을 자기 나라의 영역이라고 주장하고 있습니다.
오늘날 이와 같은 지구촌 갈등이 일어나는 까닭은 경제적 가치가 높은 자원을 차지하기 위해서입니다.

✦ 어휘

여러 나라가 　국 제 기 구　를 만들어 지구촌 평화와 발전을 위해 노력해요.

대표적인 국제기구인 　국 제 연 합　은 지구촌 평화를 지키고자 설립되었어요.

국가에서도 국제 연합 평화 유지군을 파견하는 등 지구촌 평화를 위해 노력해요.

우리나라도 　한 국 국 제 협 력 단　을 만들어 어려운 나라들을 도와요.

　비 정 부 기 구　도 지구촌 문제를 해결하려 노력해요.

　국 경 없 는 의 사 회　는 의료 지원을 하고, 해비타트는 집을 지어 줘요.

개인들도 지구촌 평화와 발전을 위해 다양한 분야에서 노력해요.

　이 태 석　은 의료 봉사와 교육에 헌신했고, 넬슨 만델라는 흑인 인권을 보호했어요.

✦ 독해

1. ❶ 문단 지구촌 갈등　❷ 문단 국제기구
　❸ 문단 국가　❹ 문단 비정부 기구
　❺ 문단 개인

2. (1) ○　(2) ○　(3) ✕　(4) ○

✕표 답 풀이
(3) 비정부 기구는 국가가 아닌 여러 개인이 모여 만든 조직이다.

3. ③

정답 풀이
③ 국제 연합 난민 기구는 난민들을 돕는 일을 하는 기구이다. 분쟁 지역에 군대를 보내 갈등을 멈추거나 피해를 복구하도록 돕는 것은 국제 연합 평화 유지군으로, 우리나라도 평화 유지를 위해 국제 연합 평화 유지군에 부대를 파견하고 있다.

4. ⑤

오답 풀이
① (가) 한국 국제 협력단의 활동은 지구촌 평화와 발전을 위한 국가의 활동이다.
② (나)의 국제 연합은 여러 나라가 모여 만든 국제기구이다.
③ (다)의 해비타트는 비정부 기구이다. 외교 활동을 하거나 국제 조약에 가입하는 것은 국가의 활동이다.
④ (가)의 한국 국제 협력단은 국가의 활동이다. 국제 연합 난민 기구, 국제 연합 아동 기금 등은 국제기구인 국제 연합 아래에 있는 기구이다.

5.

지구촌 평화와 발전을 위한 노력	
국제기구의 노력	- 국 제 연 합: 지구촌 평화를 위한 국제기구
국 가 의 노력	- 외교 활동, 국제 조약 가입, 국제 연합 평화 유지군 파견 등 - 한국 국제 협력단: 개발이 뒤떨어진 나라의 발전을 도움.
비 정 부 기 구 의 노력	- 지구촌 문제를 해결하고자 뜻을 같이하는 사람들이 모여 만든 단체 - 국경 없는 의사회, 해비타트 등
개인의 노력	- 이태석 신부, 넬슨 만델라 등 - 지구촌 평화와 발전을 위해 다양한 분야에서 노력함.

6.

이태석 신부님, 안녕하세요? 오랜 내전으로 폐허가 된 아프리카 남수단에 희망을 일궈 내어 '수단의 슈바이처'로 불리신다지요. 의사의 길을 접고 먼 아프리카로 건너가 어떠한 활동을 하셨는지 궁금합니다.

이태석

저는 전쟁으로 건물이 무너지고 땅은 메말라 가난과 질병으로 어려움을 겪는 남수단의 주민들이 인간다운 삶을 살 수 있도록 병원과 학교를 세워 의료 봉사와 교육에 헌신했습니다.

✦ 어휘

지구 온난화 로 빙하가 녹아 해수면이 높아지고 있어요.

열대 우림 이 파괴되어 동식물의 생활 터전이 줄어들고 있어요.

해양 쓰레기 로 인해 해양 생태계가 파괴되고 있어요.

대기 오염 이 심해져 사람들의 건강을 위협하고 있어요.

지구촌 환경 문제를 해결하기 위해 **개인**은 에너지 를 절약해요.

기업은 친환경 제품 을 생산해 환경을 보호하고자 노력해요.

국가에서는 환경을 생각하는 정책 을 마련하고 시행해요.

세계 여러 나라는 국제 협약 을 맺어 환경 문제를 해결하려고 협력해요.

✦ 독해

1. ❶ 문단 환경 문제　　❷ 문단 개인
　　❸ 문단 국가　　❹ 문단 국제 협약

2. (1) ○　(2) ✕　(3) ○　(4) ○

✕표 답 풀이
(2) 열대 우림이 빠른 속도로 사라지면서 동식물의 생활 터전이 줄어들고 있다.

3. ⑤

오답 풀이
① 지구촌 환경 문제를 해결하기 위한 기업의 노력이다.
② 지구촌 환경 문제를 해결하기 위한 세계의 노력이다.
③, ④ 지구촌 환경 문제를 해결하기 위한 국가의 노력이다.

4. ⑤

정답 풀이
⑤ 지구 온난화 해결을 위한 세계의 노력(◎)으로는 온실가스 배출을 줄이는 국제 협약을 맺는다거나 지구촌 전등 끄기 운동, 세계 차 없는 날 캠페인 실시 같은 것을 예로 들 수 있다. 온실가스 배출이 적은 제품을 만들어 환경을 생각하는 생산을 하는 것은 기업의 노력에 해당한다.

5.

지구촌 환경 문제와 해결하려는 노력

지구촌 환경 문제	환경 문제 해결을 위한 노력
- 지구 온난화 : 해수면이 높아짐. - 열대 우림 파괴: 동식물의 생활 터전이 줄어듦. - 해양 쓰레기 문제: 해양 생태계를 파괴함. - 대기 오염 : 사람들의 건강을 해침.	- 개인의 노력: 자원과 에너지 절약하기 - 기업의 노력: 친환경 제품 생산하기 - 국가의 노력: 환경 보호 정책과 법령 마련하기 - 세계의 노력: 환경 보호와 관련된 국제 협약 맺기

6.

	해양 쓰레기	열대 우림 파괴
지구촌 환경 문제		
원인	사람들이 버린 쓰레기가 바다에 쌓입니다.	농경지를 만들거나 도시를 개발하기 위해 나무를 무분별하게 벱니다.
나타나는 어려움	바닷물이 오염되고 해양 생물이 병듭니다.	동식물의 생활 터전이 줄어들고, 지구 온난화의 속도도 빨라집니다.

✦ 어휘

지구촌에서는 여러 가지 문제가 나타나 지속 가능한 미래 를 위협해요.

생산과 소비를 하는 과정에서 환경 문제가 일어나고 있어요.

전쟁과 자연재해 등으로 빈곤과 기아 문제가 심각해지고 있어요.

다른 문화에 대한 문화적 편견과 차별 문제가 나타나고 있어요.

지속 가능한 미래를 위해서는 우리 모두가 책임감을 갖고 노력해야 해요.

친환경적 생산과 소비 활동을 해서 자원을 절약하고 환경을 보호해요.

구호 물품을 보내고 농업 기술을 가르쳐 빈곤과 기아를 퇴치 해요.

문화의 다양성을 존중해 문화적 편견과 차별을 해소 해요.

✦ 독해

1.
- ❶ 문단 지속 가능한 미래
- ❷ 문단 친환경적
- ❸ 문단 빈곤과 기아
- ❹ 문단 문화적 편견과 차별
- ❺ 문단 세계 시민

2. (1) ✕　(2) ○　(3) ○　(4) ✕

✕표 답 풀이
(1) 어느 한쪽의 문화만 옳다고 생각하는 것은 문화적 편견이다. 문화적 차별은 문화의 차이를 인정하지 않고 편견을 갖고 대하는 것을 말한다.
(4) 환경 오염을 적게 배출하는 자동차를 생산하는 것은 생산과 소비 과정에서 일어나는 환경 문제를 해결하는 데 도움이 되는 노력이다.

3. ③

정답 풀이
③ 친환경적 생산과 소비 활동을 위해서는 가까운 지역에서 생산한 식품을 사 먹는 것이 도움이 된다.

4. ②

정답 풀이
② (나)는 가난 때문에 학교에 가지 못하고 일하는 아동에 대한 사례로, 생산과 소비 과정에서 일어나는 환경 문제가 아니라 빈곤 문제이다.

5.

지속 가능한 미래를 위한 노력		
친환경적 생산과 소비	빈곤과 기아 퇴치	문화적 편견과 차별 해소
- 기업: 친환경 제품을 생산한다. - 개인: 친환경 제품을 소비한다.	- 구호 물품을 보낸다. - 농작물을 보급하거나 농업 기술을 가르친다. - 학교를 짓거나 교육 봉사를 한다.	- 문화 체험 행사, 교육, 캠페인 등을 한다. - 국가에서는 제도를 마련하고, 상담을 지원한다.

지속 가능한 미래를 위해 세계 시민 으로 살아가는 자세가 필요하다.

6.

〈조건〉
- 주어진 어휘를 모두 넣어 쓰세요.
(미래) (지구촌) (지속 가능성)

지속 가능한 미래를 만드는 세계 시민이 됩시다!
　지구촌 곳곳에서 일어나는 다양한 문제가 인류의 지속 가능한 미래를 위협하고 있습니다. 지속 가능한 미래란 오늘날의 발전뿐만 아니라 미래의 환경과 발전을 위해 사람들이 책임감 있게 행동해 지구촌의 지속 가능성을 높여 가는 것을 말합니다.
　지속 가능한 미래를 만들려면 세계 시민으로서의 자세를 지니고 행동해야 합니다. 지구촌에서 발생하는 문제가 우리 모두의 문제임을 알고 책임감을 갖고 해결하려고 노력하는 자세를 가집시다.

✦ 융합 독해

1. ④, ⑤

오답 풀이

① (가)와 (나) 모두 영토로 인한 분쟁이 아니다.

② (가)는 독재 시위로 인한 갈등이 종교 갈등으로 번진 분쟁이다.

③ (나)는 자원으로 인한 분쟁이다.

2. ⑤

정답 풀이

⑤ 비정부 기구는 지구촌의 여러 문제를 해결하고자 뜻을 같이 하는 사람들이 모여 만든 단체로, 국가에서 설립하는 단체가 아니다.

3. ③

정답 풀이

③ 지구촌에서 발생하는 문제는 우리 모두의 문제임을 알고 책임감을 갖고 해결하려고 노력하는 자세가 필요하다. 시리아 난민 문제 역시 시리아와 주변 나라에서 자체적으로 해결해야 할 문제가 아니라 지구촌이 함께 해결해야 하는 문제이다.

✦ 개념 정리

1. (1) 울릉도
(2) 영해

2. (1) 남북통일
(2) 개성 공단

3. (1) 팔레스타인
(2) 종교

4. (1) 국제기구
(2) 비정부 기구

5. (1) 환경
(2) 기업

6. (1) 빈곤과 기아
(2) 세계 시민